I0745261

I

DOÑA SEMANA

Canciones Infantiles Tradicionales Educativas

Doña Semana
Canciones Infantiles Tradicionales Educativas

Volumen I, Colección
Canciones Infantiles Tradicionales Dominicanas

Maria Aduke Alabi

Copyright © Quisqueyana Press 2019

Todos los derechos reservados.
Ninguna parte de este libro (con excepción de las canciones) podrá ser reproducida o transmitida en ninguna forma o medio electrónico o mecánico sin la autorización escrita de la publicitaria.

Para ordenar copias adicionales de este libro visite Amazon.com o contacte:
Quisqueyana Press
Poway, California, USA
info@quisqueyanapress.com
www.quisqueyanapress.com

ISBN: 978-0-57-862770-0
Library of Congress Control Number:2019921030

Investigación y Compilación: Maria Aduke Alabi

Ilustración: Maria Aduke Alabi & Scarlett Briseño Peñaloza

Partituras Musicales: Lucia Genes

Prologo: Dagoberto Tejeda Ortiz

DEDICATORIA

Esta colección la dedico al sistema escolar dominicano como una invitación a colaborar con el trabajo de mantener en los niños de nuestra patria dominicana ese apego a lo que es tradicionalmente nuestro. Estas canciones son parte de nuestra tradición, por lo que tenemos el deber de enseñarlas y compartirlas con nuestras presentes y futuras generaciones.

Pues bien, ¿cuál va a ser nuestra educación?
¿No será difícil inventar otra mejor que
la que largos siglos nos han transmitido?
La cual comprende, según creo, la gimnástica
para el cuerpo y la música para el alma.

Platón, *La República*, Libro II, coloquio XVII

PRÓLOGO

En la República Dominicana, no existe documentación oficial que contenga una compilación de las canciones de cuna, ni de las canciones infantiles utilizadas para arrullar o entretener a los bebés en la extinta cultura indígena.

En la antigua sociedad colonial, era costumbre que las madres españolas de las élites emplearan a las esclavas y negras libertas de mayor edad para cuidar a sus pequeños. Estas dedicadas nanas, desconocían las canciones de cuna e infantiles españolas. Ellas, amorosamente, cantaban entonces canciones africanas, las que formaban parte de su herencia ancestral, que eran las que conocían. Estas letras y sus entonaciones nunca fueron recogidas oficialmente para que hoy se conocieran. Estos datos no documentados, pero que nos evocan ternura, también forman parte de nuestra historia oral y nuestra cultura popular.

El trabajo más importante de recolección de las canciones de cuna, así como las canciones infantiles tradicionales en la República Dominicana, ha sido recogido por la reconocida folklorista, doña Edna Garrido de Boggs[1] en su libro, Folklore Infantil de Santo Domingo. En su mayoría, estas canciones son de procedencia española. Las demás son criollas.

Posteriormente, el Ballet Folklórico de la Universidad Autónoma de Santo Domingo, UASD, dirigido por su entonces director, el maestro, folklorista José Castillo Méndez y su homólogo folklorista Iván Domínguez, miembro del grupo de baile, recogieron numerosas canciones de cuna e infantiles a nivel nacional, incluyendo las canciones infantiles afro de Samaná. Estas composiciones fueron presentadas en los montajes artísticos-culturales de dicho Ballet durante largo tiempo, en sus presentaciones a nivel nacional e internacional.

Xiomarita Pérez[2] recogió una interesante colección de juegos infantiles tradicionales en su libro *Brinca la Tablita*. Dagoberto Tejeda Ortiz, hizo alusión a canciones de cuna y juegos infantiles en el primer número, de tres que se editaron, para la revista *Tobogán*: La

---

[1] Prominente educadora y folklorista dominicana.

[2] Reconocida periodista, profesora y folklorista dominicana.

enciclopedia del niño, dedicados a una "Introducción al Folklore Dominicano", así como en el Atlas Folklórico de la República Dominicana.

A pesar de la importancia y la trascendencia de estas añoradas canciones tradicionales, a lo largo del tiempo, no se las ha respaldado en su justa dimensión, por parte de las instituciones correspondientes, para su difusión y preservación.

Hoy, gracias a la evolución indetenible de la era, la magia de la tecnología ha puesto a nuestra disposición la oportunidad de interactuar con distintas culturas. A pesar de las quejas con relación a cómo se ha ido perdiendo el calor humano, estas mismas herramientas tecnológicas, deben ser adecuadamente empleadas, a fin de acompañarnos en este nuevo camino para la recuperación de nuestras tradiciones ancestrales. Los medios electrónicos avanzan y no se detienen, deben ser un nuevo aliado para regresarnos hacia la transmisión afectiva, las intimidades y el amor por la comunicación, los susurros, los gestos, las sonrisas y los afectos de los niños con sus madres y padres. Rescatar estos valores es una misión de todos.

En medio de este vacío y esta carencia, aparece la poeta e investigadora dominicana, María Aduké Alabi, con una recopilación de Canciones Infantiles Tradicionales Dominicanas, la cual será entregada a los maestros, padres y niños, en siete tomos, que iniciarán una novedosa y didáctica colección. Los temas de los mismos son: Doña Semana (canciones infantiles tradicionales de carácter didáctico); Rondas de Verano (canciones infantiles tradicionales de corro, rondas o rueda); Ambossador (rimas que acompañan juegos tradicionales infantiles); Tin Marín de dos Pingué (retahílas infantiles tradicionales); Duérmete mi niño (canciones de cuna y para entretener a los bebés); Un día de Paseo (otras canciones infantiles tradicionales de carácter lúdico); y finalmente, Aurora de mi patria (himnos, rimas patrias y canciones escolares).

Este proyecto hecho realidad, contará con varios canales de difusión, entre ellos el digital, como un aporte educativo y cultural significativo, que se suma a la lucha contra el olvido.

Esta contribución es un acontecimiento importante, porque viene a llenar un espacio vacío, a cumplir con una necesidad pedagógica-educativa y patriótica que impactará a todos; haciendo que los niños sientan un mayor orgullo por su Patria, reconozcan las raíces de su identidad y amen más a su país. Es un hecho ineludible que nuestras canciones y juegos infantiles son parte fundamental de la identidad nacional.

Sin lugar a dudas, Canciones Infantiles Tradicionales Dominicanas, es un aporte trascendente al conocimiento del folklore dominicano, que amerita del apoyo del mismo pueblo, de todas las instituciones y organizaciones educativas de nuestro país. Es momento de poner en marcha el rescate de la sana recreación para nuestros niños, a fi n de sanear nuestra infancia.

Saludamos jubilosamente esta necesaria iniciativa, pues como sociedad tenemos el compromiso de permitir a nuestros niños experimentar la magia de un mundo repleto de fantasía, desde su historia e identidad, logrando un anhelado reencuentro que unifique a una desgastada brecha generacional.

Creemos firmemente, al igual que María Aduké Alabi, la autora, que "nuestro folklore es nuestro mayor tesoro y para conservarlo, los niños de ayer deben pasarlo a los niños de hoy y así podrá llegar a todos los niños del mañana.

Dagoberto Tejeda Ortiz
Sociólogo, folklorista y escritor dominicano

PREFACIO

Las memorias de mi infancia (1977-90) forman una parte muy importante de mi edad adulta, pues me traen recuerdos llenos de sonrisas, entretenimientos y una libertad regulada que hacía, de cada día, algo especial: después de la escuela y las tareas, jugar era mi único oficio.

Nuestra generación disfrutó grandemente de los juegos y sus canciones infantiles tradicionales, convirtiéndonos desde pequeños en deportistas, gimnastas, beisbolistas, bailarinas y cantantes. Éramos prodigios imaginativos. Aprendimos a crear juegos con los elementos que teníamos a mano, como el fufú, que hacíamos con tapas de botellas aplastadas y una cuerda. Las piedras, las convertíamos en piezas importantes de muchos juegos. Un pedazo de madera se transformaba en embiques o tirapiedras.

Parecíamos nacer dotados de un sentido rítmico natural (lo bailábamos todo); teníamos buen balance, buena memoria y atención, pues la necesitábamos para poder jugar. Éramos veloces atletas: ciclistas y automovilistas (aunque de carros hechos de cajas de bola). Tener amigos nunca fue un problema; aunque tener demasiados, a veces, sí lo era. Éramos emocionalmente estables pues al tener muchos amigos también teníamos muchos conflictos, pero resolverlos era importante para poder continuar la abundante vida social que gozábamos. Entendíamos el mundo de los adultos, al menos así lo creíamos, pues mediante nuestras canciones y juegos los imitábamos.

Disfrutábamos escuchar historias contadas por nuestros padres, abuelos y vecinos, en esas noches oscuras después de un apagón eléctrico, cuando los adultos salían a los patios, obligados por el calor, y los niños nos aglomerábamos a su alrededor para seguir jugando. Uno de nuestros entretenimientos favoritos era escuchar historias de terror sobre las ciguapas, los bacás o los galipotes, y sobre cómo los adultos usaban resguardos y ensalmos para su protección; cuando no, entonces escuchábamos cuentos clásicos. Recuerdo que mi madre era la cuentacuentos número uno del patio, con sus historias sobre Buquí, Juan Bobo y Pedro Animal, las que podíamos escuchar un día y otro día sin cansarnos. Los adultos también nos cantaban canciones y aún recuerdo muchas, de cuna, que mi madre me solía cantar.

La televisión, aunque la veíamos a veces, no era lo más entretenido, más bien, era lo único que podíamos hacer cuando estábamos castigados. Tomar sol y estar al aire libre era nuestro diario vivir. Ser niños en esa época tenía todas las ventajas gracias a que contábamos con elementos folklóricos transmitidos tradicionalmente por nuestros padres y abuelos: cuentos, adivinanzas, juegos de palabras, de manos, de rondas, poemas y canciones.

Crecer rodeados de todos esos elementos creó en mí un amor natural, una añoranza única por aquellos rasgos distintivos que son solo nuestros. Por la misma razón me duela tanto observar cómo en estos tiempos los niños desaprovechan esos recursos y no gozan de aquella riqueza maravillosa ofrecida por nuestra cultura.

La vida de los niños en la actualidad está dando un cambio drástico. Hoy en día si no tienen juguetes o un aparato electrónico no pueden ni saben jugar. Es más difícil para ellos ingeniárselas para entretenerse, por lo que se aburren fácilmente. Utilizan menos la imaginación, que es parte vital en el desarrollo de la niñez.

En su mayoría, los niños gozan de más tiempo libre que los adultos; tiempo que, en una situación normal y sana, debería ser aprovechado para el juego y los cantos como formas de desarrollar su imaginación y su creatividad, además de su físico y vida social. Por ser niños, los problemas de la vida difícilmente los alcanzan, y si lo hacen, no los agobian al extremo. Ahora, con la tecnología, los niños no tienen tiempo para juegos físicos creativos, ni para imaginar o crear. Adoptan los problemas del mundo pues se encuentran con ellos, aun sin querer, en la televisión, en los medios sociales y en la red.

A veces me embarga una nostalgia alegre que llena de gozo mi corazón al saber que tuve una infancia perfecta, abundante en amigos, risas, cantos, correteos y juegos; y me apena ver cómo mis propios hijos no pueden ni quieren disfrutar de ello. No pueden, porque la vida del niño de hoy, fuera de la casa, aparenta ser más peligrosa que antes (los adultos nos sentimos inseguros pues las malas noticias nos llegan rápidamente gracias a los avances tecnológicos). No pueden, porque los requerimientos sociales de la actualidad exigen que los niños tengan actividades extracurriculares: aprender otros idiomas, música, deportes y otros, además de sus tareas, los que no les deja mucho tiempo libre. No quieren porque en el poco tiempo libre que tienen en medio de su vida casi recluida, los electrónicos parecen ser su única alternativa para el entretenimiento rápido y la diversión.

Es una penosa realidad, pero ¿qué podemos hacer? ¿Cómo contagiarles ese sentimiento infantil tradicional a nuestros niños?: Dediquémosles tiempo e inculquémosles nuestras memorias desde que están pequeños, y si ya están adolescentes y no les interesa participar, que por lo menos sepan que existen tradiciones que, quieran o no, les pertenecen. Llevemos folklore a nuestras escuelas de educación primaria, iglesias, parvularios, y a todo espacio donde haya niños. Nuestros educadores son parte importante de lo que puede convertirse en un proceso de alfabetización folklórica que puede revolucionar la vida de nuestros niños y cambiar el curso de indiferencia cultural y adocenamiento global que lleva actualmente.

Jamás debemos olvidar que nuestro folklore es único, es nuestro sello de identidad y no solo se manifiesta en nuestra fiesta de carnaval, sino también en nuestros cantos, juegos y retahílas infantiles; en expresiones artísticas como la artesanía, la ebanistería, la alfarería, la cestería, la pintura, la música y los bailes tradicionales (palos, carabine, mangulina, pambiche, chenche matriculado y cantos de trabajo, entre otros); y también en la agricultura y la pesca. Lo encontramos en nuestras formas comunes de expresión lingüística como trabalenguas, chistes, coplas, adivinanzas, proverbios, refranes, pregones, aforismos, piropos, en el habla popular y sus expresiones idiomáticas regionales o nacionales con sus barbarismos; nuestro folklore se muestra en nuestra gastronomía, forma parte de nuestras leyendas, cuentos, fábulas, historia oral, mitos, supersticiones, creencias, costumbres, conjuros, ensalmos, ritos y rezos. Está también en nuestras fiestas tradicionales populares y religiosas, y en nuestros conocimientos ancestrales sobre plantas medicinales, cosmología, cosechas y dietas.

Nosotros tomamos todos aquellos aspectos tradicionales que nacieron a través de la liga cultural que nos dio la vida como nación: la cultura africana, la española y la aborigen; los combinamos en las porciones necesarias y el resultado fue un sabroso sancocho que llamamos "folklore dominicano", lleno de sabor y elementos diferentes que armoniosamente se combinan. Nosotros somos el resultado del matrimonio entre esas razas y nuestro folklore son los elementos que venimos cargando con nosotros en la maleta generacional heredada por nuestros antepasados.

De los indios taínos heredamos algunos vocablos, conocimientos medicinales y de hierbas, artesanía, vida familiar, agricultura (conuco), comidas y otros. De los españoles heredamos nuestra lengua, arquitectura, religión, vestimenta, ganadería, su arte militar, instituciones políticas y civiles, educación escolar, etc. De los africanos heredamos nuestra música, sus bailes, influencias lingüísticas, creencias mágico- religiosas y formas de cocina. En menor proporción heredamos un poquito de muchas otras culturas que han venido a influenciarnos con el transcurso del tiempo.

Por otra parte, muchos elementos nuevos han venido a nosotros como resultado de la globalización y la era electrónica. La gran mayoría son buenos, valiosos e interesantes, pero no son nuestros. Podemos hacer uso de lo nuevo/ajeno sin olvidarnos de lo viejo/nuestro. Lo nuevo/ajeno, que llamamos moderno, con el tiempo podría llegar a ser viejo/nuestro, pero solo si es adoptado por nuestra población y sobrevive al pasar del tiempo.

El folklore es la sabiduría de un pueblo, y un pueblo que ignora su folklore es un pueblo sin futuro que será fácilmente violado. Es como un libro sin letras en el que cualquiera puede venir a escribir. El folklore es el producto más valioso que poseemos, lo que nos identifica como país y nos diferencia de los demás. No nos quedemos perdidos en el limbo. Para comprender quiénes somos, por qué estamos donde estamos y hacemos lo que hacemos de la forma en que lo hacemos, tenemos primero que entender de dónde venimos, solo así sabremos hacia dónde nos dirigimos.

Lastima la idea de que nuestro folklore musical infantil se quede perdido en el tiempo. Duele pensar que toda esa belleza folklórica que florecía en los patios dominicanos, esos cantares infantiles que llenaban los corazones de paz y armonía y las caras de sonrisas puedan desaparecer o quedar fríamente plasmados solo en algunos libros como parte de un pasado antiguo, de una historia que fue vivida y que ya ha muerto.

Aún estamos a tiempo de rescatar nuestro folklore infantil. Nuestra generación aún recuerda. No permitamos que envejezca y muera con nosotros. Con atención y dedicación leguémoslo a aquellos que lo rejuvenecerán y le darán larga vida. Nuestro folklore infantil es un tesoro digno de mantener, y para conservarlo los niños de ayer deben pasarlo a los niños de hoy y así podrá llegar a los niños de mañana.

INTRODUCCIÓN

Las Canciones Infantiles

El folklor infantil es aquella parte de nuestro grandioso y variado folklor que pertenece a los niños; y contiene manifestaciones anónimas popularizadas que por largo tiempo se han mantenido en su repertorio, un patrimonio exclusivo de notable riqueza y variedad.

Las canciones infantiles forman parte de un legado rico en melodías, ritmos, repeticiones, fórmulas sin sentido, juegos de palabras, uso de diminutivos, pronunciaciones ortológicas en forma de trabalenguas, aliteraciones y rimas regulares y consonánticas. Un legado lleno de expresiones lúdicas como bailes, juegos, movimientos o gestos que lo hacen fácil de recordar y disfrutar. La gracia de las letras, a veces disparatadas y hasta vulgares, otras más serias, románticas y con un tono algo adulto, convierte a las canciones en un elemento fascinante para los niños.

Las rimas infantiles son utilizadas en algunos casos con propósitos didácticos, para dormir, o con simple intención lúdica, pero representan para ellos una ventana al entendimiento del mundo en el que viven, mediante la cual experimentan el mundo.

Esta forma de expresión musical infantil es disfrutada por niños y adultos, pues a estos últimos les recuerda agradables recuerdos de su infancia.

La Perspectiva Tradicional

Cuando hablamos de canciones infantiles tradicionales nos referimos a aquellas canciones creadas, casi siempre sin autor conocido, que sobreviven al pasar del tiempo y siguen recreando y entreteniendo. Como forman parte de la tradición oral, generalmente existen numerosas versiones, pues son asumidas y personalizadas por diferentes culturas, volviéndose universales; de modo que, aunque no tengan un origen local o nacional, son adoptadas, sazonadas y repetidas por nuestro pueblo, dándoles ese sabor único que termina haciéndolas nuestras.

Origen

Su antigüedad se remonta al nacimiento de la humanidad, como el canto mismo. La gran mayoría de estas rimas infantiles no nacen como tal, son más bien evocaciones de antiguas canciones de adultos ya olvidadas, reminiscencia de romances o baladas, canciones de romería, de trabajo, pastoriles, cuentos populares, poemas populares o leyendas de antiguas culturas mesoamericanas. Otras se originan a partir de eventos o personajes impactantes de una sociedad. En otros casos nacen también como canciones populares o satíricas aparentemente sin sentido, pero plagadas de mensajes para confundir a las autoridades políticas o eclesiásticas y evitar represalias.

Estas evocaciones son transmitidas o tomadas por los niños, los que en su afán por ser adultos y de relacionarse con la sociedad que los rodea, las transforman a su entendimiento y las convierten en melodías infantiles, que se van vivificando y transformando con el tiempo y las diferentes culturas a las que llegan.

Elementos Lingüísticos

Hay ciertas figuras retóricas, como la aliteración y la rima, que conforman y acompañan a algunas de las canciones infantiles, dándole a una agrupación de letras, musicalidad y sonoridad. Tales características literarias, junto con su estructura en versos y estrofas, las transforman en letras rítmicas y ordenadas.

Las canciones infantiles también contienen una serie de elementos que les dan un carácter más coloquial, acercándolas al habla popular, como son: aféresis, diminutivos y aumentativos, hipocorísticos, reiteraciones y onomatopeyas.

Muchas de estas manifestaciones rítmicas populares son entonadas en diferentes países de habla hispana con muchas variantes, que no son ni exclusivas, ni limitadas a una región o país; pues en una misma área podrían existir diferentes adaptaciones de una misma rima infantil.

Cada canción incluida en este libro representa alguna de las versiones más comunes que se cantaban en la zona de Santo Domingo en que crecí. Cada lector podría conocer algunas de ellas con algunas palabras, frases o párrafos diferentes de las aquí presentadas, lo que no las convierte en correctas o incorrectas; pues estas diferencias se deben a su movimiento generacional y al hecho de que, relativamente, no son canciones de tanta antigüedad.

A veces, la importancia de la rima lleva al intérprete a sacrificar el contenido semántico de un vocablo y cambiarlo por un elemento fónico, para conseguir el sonido deseado, por lo que algunas estrofas carecen de sentido.

Hay que tomar en cuenta que la transmisión de estas canciones fue por mucho tiempo oral y memorizada, por lo que eran cantadas como eran recordadas, cambiando a veces palabras, versos y hasta estrofas completas.

Beneficios en el Desarrollo de la Niñez

> *Científica y pedagógicamente está demostrado que la presencia de elementos lúdicos y creativos en la enseñanza es beneficiosa para el desarrollo del proceso de aprendizaje, pues el juego, sobre todo el juego lingüístico, desempeña un importante papel en el desarrollo cognitivo y social del alumno, facilita su aprendizaje, estimula su creatividad y favorece su madurez.*[3]

A temprana edad, la expresión musical es para los niños una herramienta con mucho valor pedagógico. Gracias a ella comienzan a socializar, a expresarse y a relacionarse con su entorno.

Platón, uno de los filósofos más sobresalientes que ha dado la humanidad, defendía la utilización de la música antes que cualquier otra arte para la educación, pues forma primero el alma que el cuerpo, lo que se presenta claramente en los diálogos de *La República*.

Las canciones de rondas son un instrumento utilizado por educadores infantiles ya que los beneficios que aportan a los niños son muchos y aunque no todos los beneficios aplican a cada una de las canciones aquí enumeramos los beneficios más destacados:

1. Estimula la imaginación en los niños, exaltando en ellos la habilidad de fantasear.

---

[3] Jerome Bruner. *Juego, pensamiento y lenguaje. JS Bruner (Comp. de JL Linaza). Acción, pensamiento y lenguaje. Madrid: Alianza*, 1984, citado por Pedro C. Cerrillo Torremocha. *La palabra y la memoria: estudios sobre literatura popular infantil.* Univ. de Castilla La Mancha, 2008, p. 287.

2. Aumenta la capacidad de percepción y la sensibilidad, mejorando así su sentido rítmico, la coordinación, el desplazamiento, la orientación espacial y el balance al incorporar la canción con la acción.

3. Ayuda además a crear en los niños una noción del espacio y lateralidad con su propio cuerpo y el de los demás (dentro-fuera, arriba-abaja, derecha e izquierda, delante-detrás, cerca-lejos),

4. Estimula la capacidad de reacción y la rapidez.

5. Cultiva su gusto estético mediante la apreciación musical, favoreciendo así su sentido auditivo, el desarrollo melódico y el ritmo.

6. Favorece el correcto desarrollo psicomotor el cual se desarrolla mediante el ejercicio físico y la expresión corporal (bailar, saltar, aplaudir, agacharse, expresión gestual, etc.), permitiéndoles ajustar sus movimientos físicos con los ritmos mejorando su coordinación y equilibrio, mediante la coordinar la motricidad fina y gruesa.

7. Ayuda a la integración social, fortaleciendo su desarrollo emocional y social mediante la interacción con otros niños. Fomentando así el trabajo en grupo y el sentido de la colaboración, enseñándolos a relacionarse y a convivir con otros (compartir, esperar turno, ser gentil, respetar al prójimo).

8. Desarrolla el sistema cognitivo, mediante las tipificaciones de los quehaceres de ser mayores, al familiarizarse mejor con el mundo que les rodea y con idealizaciones como amor, conflictos, matrimonio, noviazgo, muerte, etc., que, forman parte del mundo real en el que los niños participan y del deber de ser futuros adultos.

9. Estimula la capacidad de comprensión y de concentración mejorando así la atención y la memoria.

10. Les muestra otras alternativas de diversión diferentes a los video juegos, televisión y medios sociales, invitándolos a estar al aire libre y con otros niños.

11. Desarrolla el uso del lenguaje a través de las repeticiones, la rapidez de las canciones, el juego de palabras, los cambios rítmicos, etc.

12. Estimula la dicción, la fonética y ayuda en el desarrollo del vocabulario.

Sumemos todos estos beneficios al hecho de que al cantar canciones tradicionales se están interpretando manifestaciones de raíz cultural-folklórica que vienen pasando de generación en generación y de pueblo en pueblo, a través de muchos años. Agreguemos también que además se está promoviendo el folklore infantil de esa comunidad, contribuyendo así a la conservación de una pieza importante de nuestra cultura dominicana. Aquí radica el claramente el valor de esta colección.

Rasgos Negativos de la Canción Infantil Tradicional

No podemos dejar de mencionar que algunas de estas canciones infantiles tradicionales pueden a veces gozar de características y aspectos que mayormente forman parte de la vida de los adultos, como son, por ejemplo, el enamoramiento: *"y al pasar por un cuartel, se enamoró de un coronel"*, de la canción *La Farolera*; el matrimonio: *"Arroz con leche se quiere casar"*, de la canción *Arroz con Leche*; el engaño: *"El novio que a mí me gusta se lo quito a su señora"*, aunque también pueden integrar cierta crueldad, a veces agresividad y burla, que muchas veces pueden pasar desapercibidas gracias a las repeticiones, que crean una adaptación y automatización de la canción que anula o minimiza el análisis de sus contenidos textuales. Tenemos por el ejemplo la canción infantil *Yo tenía diez perritos*, que narra cómo van muriendo los perritos uno por uno, o la canción *Eran tres albinos*, que habla de fusilamiento y de muerte. Son tantas las veces que las hemos escuchado que raramente nos detenemos a hacer un análisis crítico sobre su contenido.

A pesar de estas características aparentemente negativas, estas canciones siguen formando parte del repertorio infantil, pues no son más que una recreación inocente de la realidad social en la que viven los niños, que ellos adoptan mediante sus canciones como medio de reproducción social. Tales creaciones forman parte del mundo en el que los niños se desenvuelven, el mundo que ven, escuchan y entienden, pues "a través de las letras infantiles, niños y niñas absorben el mundo que los envuelve"[4].

Según la escritora mexicana Ana M. Fernández Poncela, "no existen trabajos alrededor de los mensajes y significados de las canciones que enseñamos, aprenden y cantan nuestros niños y niñas, nuestros adolescentes y jóvenes, nosotras y nosotros mismos"[5], por lo que solo nos queda seguir disfrutándolas y optar solo por aquellas canciones que nos gusten y con las que nos sintamos particularmente cómodos.

---

[4] Mercedes Díaz Roig y María Teresa Miaja. *Naranja dulce, limón partido. Antología de la lírica infantil mexicana*, 1996, citadas por Anna M. Fernández Poncela en *Canción infantil: discurso y mensajes*. Anthropos Editorial, 2005, p. 14.
[5] Anna M. Fernández Poncela, ob. cit., p.14.

CANCIONES EDUCATIVAS

Desde temprana edad, los niños tienen abiertas de par en par las puertas del aprendizaje, mediante las emociones dadas por la recreación. El canto, por ejemplo, es una forma positiva de recreación que motiva el desarrollo de muchas habilidades que los encaminan en la ruta del aprendizaje. Por ello es el método más usado en los parvularios y en los grados de primaria. A través de las canciones infantiles se forman de una forma fácil, rápida y divertida; aprenden el abecedario, los números y demás elementos básicos.

En los grados de educación básica, ellos cantan fácilmente los días de la semana porque así lo aprendieron, pero tal vez recitarlos sin ritmo resulte una tarea algo complicada para ellos, pues las melodías, sus repeticiones y su encanto rítmico hacen del aprendizaje un proceso placentero.

Este primer volumen, titulado *Doña Semana,* es una recopilación de canciones infantiles dominicanas con carácter tradicional y una particularidad que las diferencia de las demás canciones: sus temas traen un contenido pedagógico que ayuda a fomentar el aprendizaje de los niños mediante la expresión musical.

Cada una de ellas, independientemente de su contenido lúdico, contribuye con la educación básica infantil y ayuda a los niños a integrarse con otros, impulsa el desarrollo de destrezas del lenguaje y fomenta el trabajo en grupo y el sentido de la colaboración, coordinación y desarrollo motor.

Estas canciones de carácter didáctico, todas populares, algunas no tan tradicionales, deberían ser entonadas y enseñadas en las escuelas primarias. Ellas se han mantenido en el tiempo gracias a que encierran un encanto, una belleza y un objetivo que podría servir de mucho a los infantes; pero también a aquellos que solo busquen una forma recreativa de diversión y sano entretenimiento.

¿CÓMO ESTÁN TODOS USTEDES?

(Dirigente): - ¿Cómo están todos ustedes? ¿Cómo están?

(Todos): ¡Muy bien!

(Dirigente): - Es este un saludo de amistad.

(Todos): ¡Qué bien!

(Dirigente): - Haremos lo posible por hacernos más amigos,

¿Cómo están todos ustedes? ¿Cómo están?

(Todos): ¡Muy bien!

(Dirigente): - ¿Cómo está mi amiga (Fulana)*? ¿Cómo está?

(Fulana): ¡Muy bien!

(Dirigente): - Es este un saludo de amistad.

(Fulana): ¡Qué bien!

(Dirigente): - Haremos lo posible por hacernos más amigos.

¿Cómo están todos ustedes? ¿Cómo están?

(Todos): ¡Muy bien!

(Dirigente): - Cómo está mi amigo (Mengano)*? ¿Cómo está?

(Mengano): ¡Muy bien!

-Es este un saludo de amistad.

(Mengano): ¡Qué bien!

(Dirigente): -Haremos lo posible por hacernos más amigos,

¿Cómo están todos ustedes? ¿Cómo están?

(Todos): ¡Muy bien!

Objetivo: Ayudar a los niños a introducirse y a conocer el nombre de los demás compañeros.

Dinámica del Juego: Esta canción debe ser dirigida por alguien a quien llamamos "dirigente". Puede ser tanto un adulto como un niño. A quien el dirigente le pregunte deberá pararse y contestar. Es preferible que se juegue sentado.

Comentario: Es recomendado utilizarlo al inicio de las clases cuando los niños aún no se conocen unos a otros.

**Fulana y Mengano son utilizados en sustitución del nombre de los niños.*

DOÑA SEMANA

Doña semana tiene siete hijitos.
Unos son blancos otros son negritos:
Lunes, Martes, Miércoles, Jueves,
Viernes, Sábado y Domingo al fin,
Este no trabaja porque es un bailarín.

Objetivo: Que los niños aprendan los días de la semana.

Comentario: Versión tomada del libro inicial de lectura *Nacho*, de Ediciones Susaeta (1974). Existen variaciones de la versión popular de esta canción en las que el segundo verso dice: *"…Unos son grandotes y otros chiquititos" "La mitad son blancos otros son negritos"*, en otras versiones cambian la última estrofa, *"…el que no trabaja y solo se divierte"*. La poeta española Gloria Fuertes escribió un poema llamado *Doña Semana* en su libro *La Poesía no es un Cuento*, Editorial Bruno (1998), que no se relaciona mucho con esta canción, pero en su poema ella le da a cada hijo de doña Semana un rasgo diferente.

LA VACA LECHERA

La vaca lechera le dijo al lechero:
Págueme la renta del mes de **Enero,**
Febrero, Marzo, Abril, Mayo,
Junio, Julio, Agosto, Septiembre,
Octubre, Noviembre y Diciembre.

Estos son los meses que usted me debe:
Uno, dos, tres, cuatro, cinco, seis, siete, ocho, nueve
diez, once, doce, trece, catorce, quince, dieciséis, diecisiete,
dieciocho, diecinueve, veinte, veintiuno...

Objetivo: Aprender los meses del año y los números.

Dinámica del juego: Se juega en ronda pasando palmadas (como El juego de la vaca). Se coordina con antelación cuál será el último número en decir y el niño que se deje tocar la mano cuando este número llegue, pierde, y si quien trata de tocar la mano del otro niño no lo logra, entonces este sale del juego y se comienza nuevamente.

Comentario: De esta rima la primera estrofa es más popularizada, pero hay quienes la cantan con la estrofa número dos. Existe una canción infantil muy popular en toda Latinoamérica, no tanto en República Dominicana, también llamada *La vaca lechera,* pero su letra es totalmente diferente. Dice así: *Tengo una vaca lechera, no es una vaca cualquiera, me da leche merengada, hay que vaca tan salada, tolón, tolón, tolón...* Esta canción no tiene relación alguna con la que aquí se presenta.

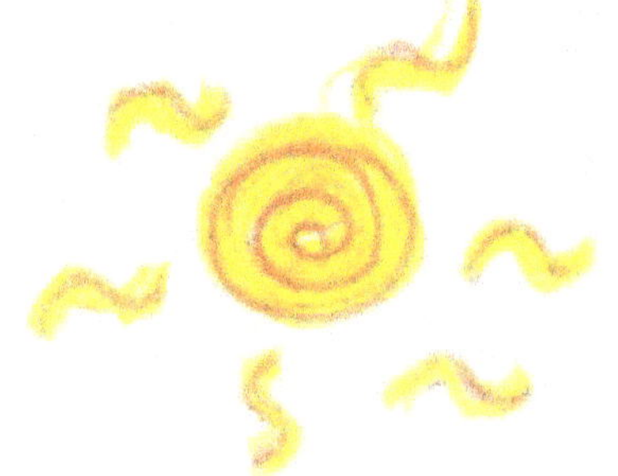

SAL SOLECITO

Sal solecito,
caliéntame un poquito
por hoy y por mañana
por toda la semana.

Luna lunera, cascabelera.
Cinco pollitos y una ternera.
Caracol, caracol a la una sale el sol.
Sale pinocho tocando el tambor
Con una cuchara y un tenedor.

Lunes, Martes, Miércoles y Jueves
Viernes, Sábado y Domingo.

Objetivo: Aprender los días de la semana.

Comentario: Esta canción tiene su origen en Zaragoza, España, donde se cantan solo los cuatro primeros versos.

PULGARCITO

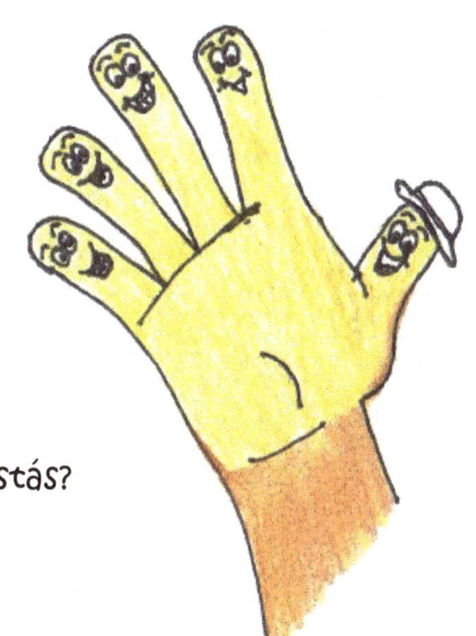

(a) -**Pulgarcito, pulgarcito** ¿Dónde estás?

(b) - ¡Aquí estoy!

(a) - ¿Cómo está usted?

(b) - Muy bien gracias. ¡Ya me voy!

(a) - ¡Ya me voy!

(a) - Señor **índice**, el que indica ¿Dónde estás?

(b) - ¡Aquí estoy!

(a) - ¿Cómo está usted?,

(b) - Muy bien gracias. ¡Ya me voy!

(a) - ¡Ya me voy!

(a) - **El del medio,** corazón ¿Dónde estás?

(b) - ¡Aquí estoy!

(a) - ¿Cómo está usted?

(b) - Muy bien gracias. ¡Ya me voy!

(a) - ¡Ya me voy!

(a) - **Anular,** el del anillo ¿Dónde estás?

(b) - ¡Aquí estoy!

(a) - ¿Cómo está usted?,

(b) - Muy bien gracias. ¡Ya me voy!

(a) - ¡Ya me voy!

(a) - **El meñique,** el pequeño, ¿Dónde estás?

(b) - ¡Aquí estoy!

(a) - ¿Cómo está usted?,

(b) - Muy bien gracias. ¡Ya me voy!

(a) - ¡Ya me voy!

(a) -Todos juntos, las manitas ¿Dónde están?

(b) - ¡Aquí estamos!

(a) - ¿Cómo están ustedes?

(b) - Muy bien gracias, ¡Ya nos vamos!

(a) - ¡Ya nos vamos!

Objetivo: Con esta rima se aprende el nombre de los dedos de las manos, además de que ayuda con la coordinación de movimientos motores.

Dinámica del juego: Esta rima se juega en círculo, en pareja o en solitario. El reto es no equivocarse. Se esconde una mano detrás de la espalda, mientras se canta moviendo el dedo correspondiente con la otra mano. Al ser llamados por su nombre, por ejemplo: "Pulgarcito, pulgarcito, ¿dónde estás?", la mano escondida sale moviendo el dedo correspondiente y respondiendo: "Aquí estoy". La otra pregunta: "¿Cómo está usted?" "Muy bien gracias. Ya me voy", se responde, escondiendo la otra mano. Así se repite como una conversación entre los dedos de la mano izquierda con los dedos de la mano derecha.

Comentario: Esta canción es muy popular en el idioma inglés. Muchos lo juegan solo con la primera estrofa, principalmente cuando se trata de jugar con niños pequeños.

POLLITO CHICKEN

Pollito - Chicken. Gallina – Hen.

Lápiz - Pencil y Pluma - Pen.

Ventana - Window. Puerta - Door.

Techo - Ceiling *(siiling)* y Piso - Floor.

Almohada – Pillow *(pilou)*. Cama - Bed.

Mesa – Table *(teibol)* y Silla – Chair *(chear)*

Dedos - Fingers *(finguers)*. Cabeza - Head. *(hed)*

Brazos - Arms y Piernas - Legs.

Ha sido todo - This is the end,

Aquí termina – Goodbye my friend.

Objetivo: El aprendizaje de algunas palabras y frases en inglés.

Dinámica del juego: Cantarlo sin olvidar el orden y con perfecta pronunciación. Se juega con dos o más niños, aunque también se puede jugar en solitario.

Comentario: Este es un tema muy popular tanto en Latinoamérica como en todo Estados Unidos. La cantante infantil Tatiana interpreta este tema con algunas estrofas adicionales.

LA MARCHA DE LAS LETRAS

Que dejen toditos los libros abiertos,
ha sido la orden que dio el general,
que todos los niños estén bien atentos,
las cinco vocales van a desfilar.
Primero verás, que pasa la **"A"**,
con sus dos patitas bien abiertas va...

Le sigue la **"E"**, alzando los pies,
el palo en el medio es más chico como ves.

Aquí está la **"I"**, después la **"O"**,
una es flaca y la otra gorda porque ya comió.

Y luego hasta atrás, llego la **"U"**,
como la cuerda con que siempre saltas tú.

Objetivo: El aprendizaje y reconocimiento de las vocales.

Dinámica del juego: Cantar la canción imitando los movimientos en la descripción de cada una de las vocales.

Comentario: Aprenden las vocales tomando en cuenta la forma de las letras mediante comparaciones y similitudes con objetos y descripciones con los que, si están familiarizados, los ayuda a identificarlas con mayor facilidad. Esta canción fue compuesta y popularizada por Francisco Gabilondo Soler, mejor conocido como "Cri Cri en Grillito Cantor" (1907-1990), en Veracruz, México, y es bien popular en la Republica Dominicana y en muchos otros países latinoamericanos.

PARÍS SE QUEMA

París se quema, se quema París. - (-aplauso- Pla pla, pla pla)- (3)

París se quema, se quema, se quema, se quema París.

¡Con la **A**! - Paras sa cama, sa cama Paras. - (Pla pla, pla pla)- (3)

Paras sa cama, sa cama, sa cama, sa cama Paras.

¡Con la **E**! - Peres se queme, se queme Peres. - (Pla pla, pla pla)- (3)

Peres se queme, se queme, se queme, se queme Peres.

¡Con la **I**! - Piris si quimi, si quimi Piris. - (Pla pla, pla pla)- (3)

Piris si quimi, si quimi, si quimi, si quimi Piris.

¡Con la **O**! - Poros so como, so como Poros. - (Pla pla, pla pla)- (3)

Poros so como, so como, so como, so como Poros.

¡Con la **U**! - Purus su cumu, su cumu Purus. - (Pla pla, pla pla)- (3)

Purus su cumu, su cumu, su cumu, su cumu Purus.

París se quema, se quema París. - (Pla pla, pla pla)- (3)

París se quema, se quema, se quema, se quema París.

¡Con la nada!

Objetivo: Ayuda a los niños con las pronunciaciones, mejora su vocalización y crea una mayor destreza al hablar. Los ayuda a familiarizarse con las vocales.

Dinámica del juego: Cantar la canción tratando de pronunciar cada línea correctamente.

Comentario: Esta forma diferente de pronunciación les resulta divertida y jocosa a los niños.

LA MAR ESTABA SERENA

La mar estaba serena

Serena estaba la mar. (bis)

¡Con 'A'!

La mar astaba sarana.

Sarana astaba la mar. (bis)

¡Con 'E'!

Le mer estebe serene.

Serene estebe le mer. (bis)

¡Con 'I'!

Li mir istibi sirini.

Sirini istibi li mir. (bis)

¡Con 'O'!

Lo mor ostobo sorono.

Sorono ostobo lo mor. (2)

¡Con 'U'!

Lu mur ustubu surunu.

Surunu ustubu lu mur. (2)

Objetivo: Ayuda a los niños con las pronunciaciones, mejora su vocalización y crea una mayor destreza al hablar. Los ayuda a familiarizarse con las vocales.

Dinámica del juego: Cantar la canción tratando de pronunciar cada línea correctamente.

Comentario: Esta forma diferente de pronunciación les resulta divertida y jocosa a los niños. Esta canción es conocida en varios países de Latinoamérica, principalmente en Cuba.

VIAJAR EN TREN

Viajar en tren (bis)
es de lo mejor (bis)
se tira el cordón (bis)
y se para el tren. (bis)
El inspector (bis)
pronto vendrá (bis)
y mandará (bis)
a parar el tren. (bis)

(Cibaeño dominicano)

Viajai en tren (bis)
E' de lo mejoi (bis)
Se tira ey coidon (bis)
Y se para ei tren (bis)
El inpectoi (bis)
Pronto vendrá (bis)
Y mandará (bis)
A parai ei tren (bis)

(Sureño dominicano)

Viajal en tren (bis)
E de lo mejol (bis)
Se tira er coldón (bis)
Y se para er tren (bis)
Er inspeltol (bis)
Pronto vendrá (bis)
Y mandará (bis)
A paral er tren (bis)

("Mandarín – China")

Vialal en tlen (bis)
E de lo mejol (bis)
Se tilel coldon (bis)
Y se pala el tlen (bis)
El inpeltol (bis)
Plonto vendlá (bis)
Y mandalá (bis)
A palal el tlen (bis)

("Italiano")

Viajarini in trenini (bis)
Is de lo mejorini (bis)

Se tira el cordelini (bis)

Y se para el trenini (bis)

El inpectorini (bis)

Pronto llegarini (bis)

Y mandarinini (bis)

A parar el trenini. (bis)

("Inglés")

Viajar en treineichon (bis)

Es de lo mejoreichon (bis)

Se tira el cordoneichon (bis)

Y se para el treineichon (bis)

El inspectoreichon (bis)

Pronto llegaraeichon (bis)

Y mandaraeichon (bis)

A parar el treineichon. (bis)

("Polaco")

Viajar en trenoski (bis)

Es de lo mejoroski (bis)

Se tira el cordonloski (bis)

Y se para el trenoski (bis)

El inspectoroski (bis)

Pronto vendraroski (bis)

Y mandararoski (bis)

A parar el trenoski. (bis)

Objetivo: Ayuda a los niños con el manejo de la pronunciación, mejora su vocalización y crea una mayor destreza al hablar.

Dinámica del juego: El moderador o dirigente canta cada línea una vez y el grupo responde la segunda vez repitiendo lo mismo que dijo el dirigente. Deberán tratar de pronunciar cada línea de la misma forma en la que el dirigente las dice.

Comentario: Esta forma diferente de pronunciación les resulta divertida y jocosa a los niños. Los idiomas o regionalismos aquí presentados son solo un intento por presentar el sonido exagerado de sus diversos acentos, los que no representa una traducción exacta del idioma, ni siquiera cercana.

UNA MOSCA

Una mosca parada en la pared,
Una mosca parada en la pared,
Una mosca, una mosca
Una mosca parada en la pared.

Ana masca parada an la parad,
Ana masca parada an la parad,
Ana masca, ana masca
Ana masca parada an la parad.

Ene mesque perede en le pered,
Ene mesque perede en le pered,
Ene mesque, ene mesque
Ene mesque perede en le pered.

Ini misqui piridi in li pirid,
Ini misqui piridi in li pirid,
Ini misqui, ini misqui
Ini misqui piridi in li pirid,

Ono mosco porodo on lo porod,
Ono mosco porodo on lo porod,
Ono mosco, ono mosco
Ono mosco porodo on lo porod.

Unu muscu purudu un lu purud,
Unu muscu purudu un lu purud,
Unu muscu, unu muscu
Unu muscu purudu un lu purud.

Objetivo: Ayuda a los niños con las pronunciaciones, mejora su vocalización y crea una mayor destreza al hablar. Los ayuda a familiarizarse con las vocales.

Dinámica del Juego: Cantan todos juntos tratando de pronunciar cada línea correctamente.

Comentario: Esta forma diferente de pronunciación les resulta divertida y jocosa a los niños. El cantante infantil y payaso Cepillín interpreta esta canción. Otras versiones menos populares en República Dominicana dicen: "Una mosca pegada en la pared" o "Hay una mosca pegada en la pared".

DEBAJO DE UN BOTÓN

Debajo de un botón, ton, ton,
que encontró Martín, tin, tin,
había un ratón, ton, ton,
¡ay, que chiquitín!, tin, tin.

¡Ay, qué chiquitín!, tin, tin,
era aquel ratón, ton, ton,
que encontró Martín, tin, tin,
debajo de un botón, ton, ton.

Es tan juguetón, ton, ton,
el señor Martín, tin, tin,
que escondió el ratón, ton, ton,
en un calcetín, tin, tin.

En un calcetín, tin, tin,
estaba el ratón, ton, ton,
que encontró Martín, tin, tin,
debajo de un botón, ton, ton.

Objetivo: Ayuda a los niños con las pronunciaciones, mejora su vocalización, coordinación motora y crea una mayor destreza al hablar.

Dinámica del juego: En algunas regiones usan esta canción como juego de manos. Pero en su mayoría lo cantan en ronda o sentados en sus asientos. La canción se canta dando palmadas desde el inicio. Cada vez que pronuncian la palabra "Ton" con ambas manos dan una palmada en sus hombros cruzando los brazos y cuando escuchan la palabra "Tin" se dan una palmada sobre las piernas. Se puede jugar sentados o parados. El lugar de las palmadas puede ser sustituido; por ejemplo, pueden dar con las manos en la mesa o butaca, o con una mano en la cabeza. Además, se puede llevar a un nivel de mayor complicación planificando diferentes tipos de palmadas en cada estrofa.

Comentario: Esta forma diferente de pronunciación les resulta divertida y jocosa a los niños. Sus sílabas reiterativas hacen esta melodía un poco difícil de ser cantada por los niños, por lo que cuenta con las mismas propiedades educativas que los trabalenguas.

JUAN PACO PEDRO

(En tono normal)

Juan Paco Pedro,

es mi nombre así

y cuando yo me voy

me dicen al pasar

Juan Paco Pedro de la Mar.

(En alta voz) Lala, lala, lala, lala.

(En voz baja)

Juan Paco Pedro,

es mi nombre así

y cuando yo me voy

me dicen al pasar

Juan Paco Pedro de la Mar

(En alta voz) Lala, lala, lala, lala.

(Susurrando)

Juan Paco Pedro,

es mi nombre así

y cuando yo me voy

me dicen al pasar

Juan Paco Pedro de la Mar

(En alta voz) Lala, lala, lala, lala.

(En alta voz)

Juan Paco Pedro,

es mi nombre así

y cuando yo me voy

me dicen al pasar

Juan Paco Pedro de la Mar

(En alta voz) Lala, lala, lala, lala.

(Se canta nuevamente solo haciendo la mímica,

sin emitir ningún sonido, solo gritando la última línea)

(En alta voz) Lala, lala, lala, lala.

Objetivo: Manejar el tono de voz de los niños y su coordinación en lo relacionado al volumen de su voz.

Dinámica del juego: Esta rima se canta en forma de juego, quien dirige la canción va indicando cuando va en voz normal, baja, alta, susurro o en mímica, aunque la estrofa final "Lala, lala, lala, lala" siempre se canta en voz alta, hasta volver al tono inicial normal.

Comentario: En otros países de Latinoamérica este tema es cantado de forma diferente, la primera estrofa se canta normalmente, la segunda se canta cambiando todas las vocales por la letra "a", "Jaan Paca Padra, as ma nambra asa…", la tercera con la "e", la cuarta con la "i" y así hasta cantarla con todas las vocales.

UNO, DOS, TRES AMIGOS

Uno, dos, tres amigos,
cuatro, cinco, seis amigos,
siete, ocho, nueve amigos,
diez amigos son....

Diez, nueve, ocho amigos,
siete, seis, cinco amigos,
cuatro, tres, dos amigos,
un amigo es.

Objetivo: Agilizar en los niños el conocimiento de los números dándoles la habilidad de contar del uno al diez y al revés del diez al uno.

Dinámica del juego: Se juega usando los diez dedos de la mano contando los dedos que indica la canción, levantándolos en la primera estrofa y cerrando los dedos en la segunda estrofa.

Comentario: Esta canción en muy utilizada en los niveles básicos de educación por su efectivo resultado en la memorización de los números.

BRINCA LA TABLITA

Brinca la tablita, ya yo la brinqué.
Bríncala tú ahora que yo me cansé.

Dos y **dos** son **cuatro**
cuatro y **dos** son **seis**,
seis y **dos** son **ocho**
y ocho dieciséis.
y ocho veinticuatro,
y cuatro treinta y dos.
más diez que le sumo
son cuarenta y dos.

Objetivo: Introducir la adición. Crear una mayor habilidad en la suma. Ejercicio físico.

Dinámica del juego: Los niños se posicionan frente a un peldaño de una escalera o a lo largo de la acera y van dando saltos y cambios de pies al ritmo de la canción, el que se equivoque en la multiplicación o en los cambios de pies sale del juego. Se juega por turno o en grupo.

Comentario: Esta es una de las canciones tradicionales más populares en la Republica Dominicana. La canción de *La Farolera* (ver *Rondas de Verano*) y *La muñeca vestida de azul* también contienen esta última estrofa que se refiere a las matemáticas. Ha sido interpretada por cantantes infantiles como Tatiana y muchos otros. Está contenida en las más relevantes colecciones dominicanas de canciones infantiles, entre ellas *Brinca la Tablita,* de Xiomara Pérez, *Trucando,* de Elizabeth Balaguer y *Folklore Infantil de Santo Domingo,* de Edna Garrido de Boggs.

YO TENÍA DIEZ PERRITOS

Yo tenía **diez** perritos, (bis)
uno se perdió en la nieve,
nada más me quedan nueve, nueve, nueve.

De los **nueve** que quedaban (bis)
uno fue por un bizcocho,
nada más me quedan ocho, ocho, ocho.

De los **ocho** que quedaban (bis)
uno se subió a un cohete,
nada más me quedan siete, siete, siete.

De los **siete** que quedaban (bis)
uno fue a aprender inglés,
nada más me quedan seis, seis, seis.

De los **seis** que me quedaban (bis)

uno se rompió el hocico,
nada más me quedan cinco, cinco, cinco.

De los **cinco** que quedaban (bis)
uno se fue con el gato,
nada más me quedan cuatro, cuatro, cuatro.

De los **cuatro** que quedaban (bis)
uno se comió una res,
nada más me quedan tres, tres, tres.

De los **tres** que me quedaban (bis)
uno fue a comprar arroz,
nada más me quedan dos, dos, dos.

De los **dos** que me quedaban (bis)
Uno se lo llevo Bruno,
nada más me queda uno, uno, uno.

Y aquel que me quedaba (bis)
pronto se volvió un difunto,
Y ya no me queda ninguno.

Aquí se acaba la historia

De los perros que perdí

Y si no la ha entendido

Se la vuelvo a repetir.

Objetivo: Mostrarles a los niños el efecto de la substracción, y la oportunidad de ver de forma práctica lo que es la resta.

Dinámica del juego: Se canta normalmente y se repite cuantas veces se desee.

Comentario: El encargado de la enseñanza puede tomar como herramienta esta rima para la introducción de esta rama de las matemáticas. Este tema es cantado con muchas variantes, en un esfuerzo por combinar la rima del número con la estrofa que explica lo que le pasó al perrito. Esta canción infantil es de origen español, y está incluida en el libro *El folklor infantil,* de Luis D. Cuscoy. [6]

[6] Luis Diego Cuscoy, *Folklore infantil*. Vol. 2. Inst. de Estudios Canarios, 1943.

EL PERRO MUERTO

Debajo de mi cama hay un perro muerto,

el que diga ocho se lo comerá.

1, 2, 3, 4, 5, 6, 7, -, 9, 10

11, 12, 13, 14, 15, 16, 17, -, 19, 20

21, 22, 23, 24, 25, 26, 27, -, 29, 30

Debajo de mi cama hay un perro muerto,

el que diga nueve se lo comerá.

1, 2, 3, 4, 5, 6, 7, 8, -, 10

11, 12, 13, 14, 15, 16, 17, 18, -, 20

21, 22, 23, 24, 25, 26, 27, 28, -, 30

Objetivo: Reconocer la secuencia numérica y familiarizarlos con los números, creando habilidad al pronunciarlos ordenadamente y al tratar de esquivar o saltar uno de ellos, sin parar el conteo.

Dinámica del juego: Se juega diciendo los números uno por uno tratando de saltar, por ejemplo, en el caso del número 8 los números 8, 18, 28, 38, etc. En el caso del 9 no deben pronunciar 9, 19, 29, 39, etc. El que lo pronuncie pierde. Se puede cantar indefinidamente y se puede jugar con diferentes números. También se puede jugar en ronda tocando mano con mano y al que le toque ocho no debe dejarse dar la palmada o pierde y si el que debe dar la palmada no puede darla, entonces este pierde.

Comentarios: Otras versiones incluyen una tercera y cuarta estrofa que dice: *"Con la lengua fuera y el hocico abierto"* o *"con la tripa afuera y el hocico abierto"*, aunque es menos popular que esta presentada.

LOS ESQUELETOS

Cuando el reloj marca la **una**

los esqueletos salen de su tumba.

Zumba que zumba, que zumban va. (bis)

Desde la **una** hasta las **dos**

los esqueletos comen arroz.

Zumba que zumba, que zumban va. (bis)

Desde las **dos** hasta las **tres**

los esqueletos beben café.

Zumba que zumba, que zumban va. (bis)

Desde las **tres** hasta las **cuatro**

los esqueletos fuman tabaco.

Zumba que zumba, que zumban va. (bis)

Desde las **cuatro** hasta las **cinco**

los esqueletos pegan un brinco.

Zumba que zumba, que zumban va. (bis)

Desde las **cinco** hasta las **seis**

los esqueletos juegan ajedrez.

Zumba que zumba, que zumban va. (bis)

Desde las **seis** hasta las **siete**

los esqueletos usan machete.

Zumba que zumba, que zumban va. (bis)

Desde las **siete** hasta las **ocho**

los esqueletos comen bizcocho.

Zumba que zumba, que zumban va. (bis)

Desde las **ocho** hasta las **nueve**

los esqueletos ya no se mueven.

Zumba que zumba, que zumban va. (bis)

Desde las **nueve** hasta las **diez**
los esqueletos van a beber.
Zumba que zumba, que zumban va. (bis)

Desde las **diez** hasta las **once**
los esqueletos corren y corren.
Zumba que zumba, que zumban va. (bis)

Desde las **once** hasta las **doce**
Los esqueletos se van al cofre.
Zumba que zumba, que zumban va. (4)

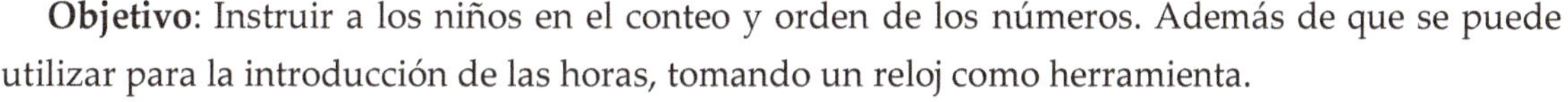

Objetivo: Instruir a los niños en el conteo y orden de los números. Además de que se puede utilizar para la introducción de las horas, tomando un reloj como herramienta.

Dinámica del juego: Al cantar la canción deberán mostrar las horas con los dedos e imitar todo lo que la canción dice que hacen los esqueletos.

Comentario: Este tema es muy conocido en toda Latinoamérica con muchas variantes. La palabra "zumba" en este contexto significa: burla ligera y festiva.

LOS NÚMEROS

El **1** es un soldado haciendo la instrucción.
El **2** es un patito que está tomando sol.
El **3** una serpiente que empieza a caminar.
El **4** una sillita que invita a descansar.
El **5** sin orejas parece un conejito.
El **6** es una pera redonda y con rabito.
El **7** es un sereno con gorra y un bastón.
El **8** son las gafas que usa don Ramón.
El **9** es un globito atado de un cordel.
El **10** es un tiovivo para pasarla ¡bieeeennnn!

Objetivo: El aprendizaje de los números tomando en cuenta su forma para ayudar con la memorización de los mismos.

Dinámica del juego: Se va cantando e imitando lo que dice la canción.

Comentario: Esta rima enseña los números mediante comparaciones y similitudes, tomando en cuenta la forma de figuras o personas con los que sí están familiarizados, lo que les ayuda a identificarlos y recordarlos con mayor facilidad. Esta canción infantil tiene otra versión más larga en la que varían los versos que mencionan los números 3, 4, 5, 6 y 7.

VAMOS A CONTAR

Vamos a contar de diez en diez
De diez en diez, de diez en diez
Vamos a contar de diez en diez
Hasta llegar a cien...
Diez, veinte, treinta, cuarenta,
cincuenta, sesenta, setenta, ochenta,
noventa y cien.

Vamos a contar de cinco en cinco
De cinco en cinco, de cinco en cinco
Vamos a contar de cinco en cinco

Hasta llegar a cincuenta...

Cinco, diez, quince, veinte, veinticinco,

Treinta, treinta y cinco, cuarenta,

Cuarenta y cinco, cincuenta.

Vamos a contar de dos en dos,

De dos en dos, de dos en dos

Vamos a contar de dos en dos

Hasta llegar a veinte...

Dos, cuatro, seis, ocho, diez

Doce, catorce, diez y seis, diez y ocho, veinte.

Objetivo: Motivar el manejo del conteo de los números en grupo. Los ayuda a entender los conceptos matemáticos.

Dinámica del juego: Se canta la canción aplaudiendo cada vez que se dicen los números.

Comentario: Esta canción puede ser manejada por el instructor de forma tal que los niños puedan practicar y aprender el conteo de dos en dos, tres en tres, cinco en cinco y diez en diez, etc.

UN ELEFANTE SE BALANCEABA

Un elefante se balanceaba
sobre una tela de araña,
y como veía que resistía
fue a buscar su camarada.

Dos elefantes se balanceaban
sobre una tela de araña,
y cuando vieron que resistía
fueron a buscar su camarada.

Tres elefantes se balanceaban
sobre una tela de araña,
y cuando vieron que resistía
fueron a buscar su camarada.

Cuatro elefantes se balanceaban
sobre una tela de araña,
y cuando vieron que resistía
fueron a buscar su camarada.

Objetivo: Familiariza a los niños con los números y su orden y muestra los conceptos básicos de la adición.

Dinámica del juego: Se juega en grupo y todos cantan. Cuando se inicia la canción "Un elefante se balanceaba..." los niños caminan solos, cuando se dice "dos elefantes se balanceaban..." sin parar de cantar se deben agrupar en pareja agarrándose de las manos, el que no encuentre pareja sale del juego, luego cuando dicen "tres elefantes..." se agrupan en grupo de tres niños y los que no formen parte de un trío quedan fuera del juego. Así van cantando hasta que llegue al límite de la cantidad de niños que quedan en el grupo.

Otra forma de juego: Los niños forman un círculo y aplaudiendo cantan la canción con uno de los niños en el centro, recorriendo circularmente la ronda, al final del primer verso el niño elige al segundo niño y ambos recorren de la mano la ronda hasta que al entonar el último verso de la segunda estrofa seleccionan al tercer niño y así continua el juego de forma sucesiva.
Comentario: Esta canción es muy popular en toda Latinoamérica y cuenta con diferentes formas de juego, algunos juegan la canción con cartas o con movimientos de las manos.

LA GALLINA LA JABADA

Barrito, casita. Barrito, casón.
Escoba, escobita. Escobita, escobón.

La gallina la jabada
puso un huevo en la cañada,
puso **uno**, puso **dos**, puso **tres**,
puso **cuatro**, puso **cinco**, puso **seis**,
puso **siete**, puso **ocho** y un bizcocho.

Objetivo: El manejo de los diminutivos y aumentativos, además de practicar los números.

Dinámica del juego: Los niños colocan sus manos abiertas sobre una mesa, uno se coloca al frente y va cantando la canción y tocando las manos, el último a quien se le toca la mano "el ocho" es el "bizcocho" y recibe un pellizco. También se usa como una retahíla de selección.

Comentario: En México le llaman "La gallina papujada"; en Chile, "La gallina francolina" o "La gallina papuja"; en Argentina, "La gallina ponedora" o "La gallina papanata"; en Uruguay, "La gallina papanata"; en Perú, "La gallina papujada"; en Puerto Rico, "La gallina puritana" y "Pico condorito"; en España, "Los pollitos Samaná" (Sevilla), "La gallina papuja" (Extremadura) y "La gallina puritana" (Cataluña). Según María Cadilla Colón de Martínez[7], este juego es de origen catalán.

---

[7] María Cadilla Colón de Martínez (1884 -1951) Escritora, educadora, historiadora, folclorista y feminista puertorriqueña.

CON MEDIO PESO

Con medio peso compré una vaca
y esa **vaca** me dio un **ternero**.
Ya tengo vaca, tengo ternero.
Y todo eso con medio peso. (bis)

Con medio peso compré una chiva
y esa **chiva** me dio **chivatos**.
Ya tengo vaca, tengo ternero,
tengo chiva, tengo chivatos.
Y todo eso con medio peso. (bis)

Con medio peso compré una pata,

y esa **pata** me dio **patitos.**

Ya tengo vaca, tengo ternero,

tengo chiva, tengo chivatos,

tengo pata, tengo patitos.

Y todo eso con medio peso. (bis)

Con medio peso compré una perra

y esa **perra** me dio **cachorros.**

Ya tengo vaca, tengo ternero,

tengo chiva, tengo chivatos,

tengo pata, tengo patitos,

tengo perra, y cachorritos.

Y todo eso con medio peso. (bis)

Con medio peso compré una burra

y esa **burra** me dio **pollinos.**

Ya tengo vaca, tengo ternero,

tengo chiva, tengo chivatos,

tengo pata, tengo patitos,

tengo perra, y cachorritos,

tengo burra, tengo pollinos.

Y todo eso con medio peso. (bis)

Objetivo: Contribuye a ejercitar la memoria con el aprendizaje del nombre de las crías de los diferentes animales.

Dinámica del juego: El educador puede facilitar el nombre del animal y el estudiante debe cantar su estrofa diciendo el nombre correcto de la cría y tratando de recordar los nombres de las demás crías.

Comentario: Tomando en cuenta el aprendizaje de los nombres de las crías de animales, se podrían agregar a la lista los siguientes: águila (aguilucho), ballena (ballenato), chivo (chivato), cerdo (lechón), ciervo (cervato), conejo (gazapo), gorrión (gorriato), lobo (lobato), oveja (borrego o cordero), paloma (palomino o pichón), vaca (ternero o becerro), yegua (potrillo o potranca). Muchos de los nombres de estas crías se reemplazan por las formas perifrásticas de "cría de…" o "cachorro de…" o por el diminutivo del nombre del animal adulto, lo que no es incorrecto, pero no ideal.[8]

Esta canción es de origen cubano. Con el mismo nombre, *Con medio peso,* era cantada por el trío Hermanas Márquez, en los años 30.[9]

---

[8] Notas tomadas de Wiki lengua del español: Lista de crías de animales.

[9] Conformaban el trío las hermanas Caridad (Cusa), Albertina (Trini) y Nerza Márquez. La canción fue escrita por Trini; y posteriormente fue interpretada también por el grupo Los Casanovas de Cuba.

EL JUEGO DE LOS CONTRARIOS

Director:

Yo conozco un juego que se juega así:
Cuando yo digo blanco, ustedes dicen negro.
Cuando yo digo negro, ustedes dicen blanco.
Este juego va a empezar, no se vayan a equivocar.

- Blanco, negro, blanco

Coro: - *Negro, blanco, negro*

Director: - Blanco, blanco, *negro*

Coro: - Negro, negro, *blanco*

Director: - Blanco, negro, negro

Coro: - Negro, blanco, blanco.

Director: Yo conozco un juego que se juega así:
Cuando yo digo arriba, ustedes dicen abajo.
Cuando yo digo abajo, ustedes dicen arriba.
Este juego va a empezar, no se vayan a equivocar.

- Arriba, arriba, arriba

Coro: - *Abajo, abajo, abajo*

Director: -Arriba, abajo, arriba

Coro: -Abajo, arriba, abajo

Director: -Arriba, arriba, abajo

Coro: -Abajo, abajo, arriba.

Director: Yo conozco un juego que se juega así:

Cuando yo digo hola, ustedes dicen adiós

Cuando yo digo adiós, ustedes dicen hola.

Este juego va a empezar, no se vayan a equivocar.

- Hola, hola, adiós

Coro: - *Adiós, adiós, hola*

Director: - Hola, adiós, hola

Coro: - *Adiós, hola, adiós*

Director: - Hola, hola, adiós

Coro: - Adiós, adiós, hola

Director: Yo conozco un juego que se juega así:

Cuando yo digo blanco ustedes dicen negro.

Cuando yo digo negro ustedes dicen blanco.

Cuando yo digo arriba, ustedes dicen abajo.

Cuando yo digo abajo, ustedes dicen arriba.

Cuando yo digo hola, ustedes dicen adiós.

Cuando yo digo adiós, ustedes dicen hola.

Este juego va a empezar, y ahora se va a complicaaaaar.

- Blanco, arriba, negro

Coro: - Negro, abajo, blanco

Director: - *Hola, adiós, abajo*

Coro: - Adiós, hola, arriba

Director: - *Blanco, arriba, hola*

Coro: - Negro, abajo, adiós

Objetivo: Les ayuda a reconocer los antónimos o contrarios de forma rápida, con la coordinación de las respuestas correspondiente al orden y a la palabra contraria correspondiente.

Dinámica del juego: El que dirige canta la primera estrofa y crea las palabras que el grupo deberá responder. Estas palabras pueden variar y el nivel de complicación también, dependiendo del nivel educativo del grupo. Este juego requiere de mucha atención y memoria.

Comentario: Esta rima no es una canción propiamente dicha, pero la primera estrofa es cantada y fue incluida en esta colección por su contenido didáctico. Se puede continuar agregando y combinando palabras como: grande-pequeño, claro-oscuro, verano-invierno, día-noche, etc. Las palabras pueden ser comunes o no tan comunes. Pueden ser adjetivos, sustantivos o verbos, por ejemplo: (gritar-susurrar, fantasía-realidad, hablar-callar, tomar-entregar, etc.), dependiendo del nivel académico de los niños.

CUANDO TENGAS MUCHAS GANAS DE REÍR

Cuando tengas muchas ganas de aplaudir (clap, clap, clap). *(bis)*
Si tú tienes la razón y no hay oposición
no te quedes con las ganas de aplaudir (clap, clap, clap), *(bis)*
de aplaudir (clap, clap, clap).

Cuando tengas muchas ganas de silbar (fui fuiuu). *(bis)*
Si tú tienes la razón y no hay oposición
no te quedes con las ganas de silbar (fui fuiuu), *(bis)*
de aplaudir (clap, clap, clap).

Cuando tengas muchas ganas de reír (ja, ja, ja). *(bis)*
Si tú tienes la razón y no hay oposición
no te quedes con las ganas de reír (ja, ja, ja), *(bis)*
de silbar (fui fuiu), de aplaudir (clap, clap, clap).

Cuando tengas muchas ganas de cantar (la, la, la). *(bis)*
Si tú tienes la razón y no hay oposición
no te quedes con las ganas de cantar (la, la, la) *(bis)*
de reír (ja, ja, ja), de silbar (fui fuiu), de aplaudir (clan, clap, clap).

Cuando tengas muchas ganas de gritar (aaaaa). *(bis)*

Si tú tienes la razón y no hay oposición
no te quedes con las ganas de gritar (aaaaaa), *(bis)*
de cantar (la, la, la), de reír (ja, ja, ja), de silbar (fui fuiu),
de aplaudir (clan, clap, clap).

Cuando tengas muchas ganas llorar (bua, bua). *(bis)*
Si tú tienes la razón y no hay oposición
no te quedes con las ganas de llorar (bua, bua), *(bis)*
de gritar (aaaaaa), de cantar (la, la, la), de reír (ja, ja, ja),
de silbar (fui fuiu), de aplaudir (clan, clap, clap).

Objetivo: Contribuye con el desarrollo motor y la coordinación de movimientos en los niños y les enseña a imitar los sonidos y onomatopeyas.

Dinámica del juego: Los niños pueden cantar sentados o parados en forma de ronda. Al iniciar la canción hay que realizar la acción indicada, las veces que se indican, por ejemplo: aplaudir (clap, clap, clap), hay que aplaudir tres veces; silbar (fui fuiuu); se intenta recrear el sonido junto al movimiento físico que conlleva dicha acción.

Comentario: Se pueden incluir más onomatopeyas a las ya presentadas. Esta canción es famosa por ser interpretada por payasos y cantada en programas infantiles televisivos.

LA BATALLA DEL CALENTAMIENTO

Coro: Esta es la batalla del calentamiento...
Hay que seguir la orden del sargento:

Director: ¡Soldados, a la carga, con un brazo!
(Mover el brazo derecho sin parar)

Coro: Esta es la batalla del calentamiento...
Hay que seguir la orden del sargento:

Director: ¡Soldados, a la carga, con un brazo, con el otro!
(Mover el brazo derecho y el izquierdo sin parar)

Coro: Esta es la batalla del calentamiento...
Hay que seguir la orden del sargento.

Director: Soldados, a la carga, con un brazo, con el otro, con una pierna.

(Mover el brazo derecho e izquierdo y la pierna derecha sin parar)

Coro: Esta es la batalla del calentamiento...
Hay que seguir la orden del sargento:

Director: ¡Soldados, a la carga, con un brazo, con el otro, con una pierna, con la otra!

(Mover el brazo derecho e izquierdo y la pierna derecha e izquierda sin parar)

Coro: Esta es la batalla del calentamiento...
Hay que seguir la orden del sargento:

Director: ¡*Soldados, a la carga,* con un brazo, con el otro, con una pierna, con la otra, con la cabeza*!*

(Mover el brazo derecho e izquierdo y la pierna derecha e izquierda y la cabeza sin parar)

Coro: Esta es la batalla del calentamiento...
Hay que seguir la orden del sargento:

Director: ¡*Soldados, a la carga,* con un brazo, con el otro, con una pierna, con la otra, con la cabeza, con *las Caderas!*

(Mover el brazo derecho e izquierdo y la pierna derecha e izquierda, la cabeza y las caderas sin parar)

Coro: Esta es la batalla del calentamiento...
Hay que seguir la orden del sargento:

Director: *¡Soldados, a la carga,* con un brazo, con el otro, con una pierna, con la otra, con la cabeza, con *las caderas, con los hombros!*

(Mover el brazo derecho e izquierdo y la pierna derecha e izquierda, la cabeza y las caderas y los hombros sin parar)

Coro: Esta es la batalla del calentamiento...
Hay que seguir la orden del sargento:

Director: ¡Soldados, a la carga, con un brazo, con el otro, con una pierna, con la otra, con la cabeza, con *las caderas, con los hombros,* con todo el cuerpo!

(Mover todo el cuerpo)

Objetivo: Coordinación motora y ejercicio físico.

Dinámica del juego: Esta rima se canta siguiendo las órdenes de un director. El niño permanece en constante movimiento, agregando nuevos movimientos a partes del cuerpo en cada nueva estrofa. Se deben seguir las instrucciones y el que se equivoque al seguir las órdenes es eliminado. Se pueden agregar a los movimientos saltos, media vuelta, vuelta entera, agacharse, etc.

Comentario: El plan es que todos, de modo coordinado, sigan los movimientos del director. Se puede jugar como parte de Educación Física o como una forma de calentar el cuerpo antes de iniciar cualquier otra actividad. Los niños pueden posicionarse parados en línea o en rondas.

Origen: Puede ser que esta canción tenga su origen en una canción llamada "La batalla del movimiento", escrita por Tulio De Rose e interpretada por Julieta Magaña, actriz y animadora infantil argentina. La canción fue lanzada en 1976. El tema dice:

Esta es la batalla del movimiento (2)
A mover los pies sin parar un momento (2)
Los pies, los pies, los pies, los pies.

No pudimos saber cuál de las dos fue primero, aunque sí podemos asegurar que se relacionan entre sí.

JAI, JAI, JAI

Jai Jai Jai
Chibari Jai

(Dando palmadas en su regazo)

Jai, Jai, Jai Chibari Jai

Jai, Jai, Jai Chibari Jai

(En "Chuweico" Tronar dos veces los dedos con los brazos extendidos hacia la derecha y luego a la izquierda.)

Chuwa chuweico,

Chuwa chuweico,

Chuwa chuweico weico

Chuwa chuweico, Jai

Jai, Jai, Jai Chibari Jai

Jai, Jai, Jai Chibari Jai

(En "Chuweico" se cruzan los brazos sobre el pecho)

Chuwa chuweico,

Chuwa chuweico,

Chuwa chuweico, weico

Chuwa chuweico, Jai

Jai, Jai, Jai Chibari Jai

Jai, Jai, Jai Chibari Jai

(En "Chuweico" se toca el antebrazo derecho con la mano izquierda y se alterna.)

Chuwa chuweico,

Chuwa chuweico,

Chuwa chuweico, weico

Chuwa chuweico, Jai

Objetivo: Coordinación motora y vocalización. Trabaja la gimnasia física y cerebral, pulso y ritmo, con la que crea nuevas conexiones neuronales.

Dinámica del juego: Se canta en grupo, sentados, pero siempre debe haber alguien que dirija. En las primeras dos líneas "Jai, jai, jai…" los niños dan palmadas en su regazo. En el segundo párrafo, se siguen las siguientes indicaciones al cantar. Cuando se menciona la palabra "Chuweico" los movimientos son los únicos que cambiarán, los demás seguirán siendo los mismos:

*Chuwa **chuweico,
*Chuwa ***chuweico,
*Chuwa **chuweico weico
*Chuwa ***chuweico, ****Jai

*Chuwa: Dos palmadas en el regazo

**Chuweico 1: Tronar dos veces los dedos -juntando los dedos pulgares y del medio- con los brazos extendidos hacia la derecha.

*** Chuweico 2: Tronar dos veces los dedos con los brazos extendidos hacia la izquierda.

Weico: se ignora.

**** Jai: Poner las manos sobre el regazo.

En los siguientes párrafos, con la palabra "Chuweico" se cruzan los brazos, en el párrafo siguiente se toca el antebrazo derecho con la mano izquierda y se alterna. Se puede hacer también tocando las orejas con ambas manos, tocando la cabeza con una mano mientras la otra toca la barriga y alternándolas.

Comentario: Esta rima se canta, como vemos, con diversos movimientos y variantes, entre ellas, tocar el codo con las manos, tocar la cabeza, los pies, el pecho, etc. El plan es que todos, coordinadamente, sigan las instrucciones del director.

CHOCOLATE

Chocolate, chocolate.

Bate, bate chocolate. (bis)

Uno...dos...tres...cho*.

Uno...dos...tres...co**.

Uno...dos...tres...la***.

Uno...dos...tres...te****.

Chocolate, chocolate.

Bate, bate, chocolate. (bis)

Objetivo: Ayuda con la práctica del deletreo, al desarrollo motor y la coordinación de movimientos.

Dinámica del juego: Se canta parados, preferiblemente en ronda siguiendo las siguientes indicaciones: En las primeras dos líneas: "Chocolate, chocolate..." utilice el puño como quien sujeta un cucharón y revuelva, revuelva, revuelva. Siempre que dice: "Uno, dos, tres..." forme un puño con la mano derecha y golpéelo en la palma de la otra mano mientras lo dice.

*Cho: Cruze los brazos sobre su pecho.

**Co: Toque los codos con las manos.

***La: Toque sus piernas con las palmas.

***Te: Ponga las manos en la cintura

En las últimas dos líneas "Chocolate, chocolate..." mueva la cintura al ritmo de la canción.

Comentario: Esta corta rima es una forma divertida de deletrear. Se juega siguiendo las órdenes de un director. El niño permanece en constante movimiento. Esta canción se usa también para brincar la soga, algunos le agregan la frase "Bate, bate chocolate, con harina y con tomate"

CHOCOLATE II

Choco - choco - la – la

Choco - choco - te -te

Choco – la. Choco – te

Choco-la-te (bis)

Objetivo: Ayuda al desarrollo psicomotor del niño, la memoria y la coordinación. Ayuda a adquirir sentido del ritmo y oído musical.

Dinámica del juego: Se canta sentados en el suelo en ronda o sentados en sus butacas o donde sea que las manos tengan un soporte. Los movimientos van como sigue: cada vez que se dice la siguiente palabra se hacen los siguientes movimientos:

"Choco" con las palmas de las manos se toca ya sea las piernas, mesa o el suelo.

"La" se hace lo mismo con las manos, pero con las palmas mirando hacia arriba.

"Te" se golpea la misma área, pero con la mano cerrada en forma de puño. La canción comienza a cantarse bien despacio y se va aumentando la velocidad poco a poco.

Comentario: Esta corta estrofa representa un juego que es muy popular en toda Latinoamérica.

HAY UN HOYO EN EL FONDO DE LA MAR

Hay un hoyo en el fondo de la mar. (bis)
Hay un hoyo, hay un hoyo,
hay un hoyo en el fondo de la mar.

Hay un palo en el hoyo, en el fondo de la mar. (bis)
Hay un palo, hay un palo,
hay un palo en el hoyo, en el fondo de la mar.

Hay un nudo en el palo, en el hoyo, en el fondo de la mar. (bis)
Hay un nudo, hay un nudo,
hay un nudo en el palo, en el hoyo, en el fondo de la mar.

Hay un sapo, en el nudo, en el palo, en el hoyo,
en el fondo de la mar. (bis)
Hay un sapo, hay un sapo,
hay un sapo, en el nudo, en el palo, en el hoyo, en el fondo de la mar.

Hay dos ojos en el sapo, en el nudo, en el palo,
en el hoyo, en el fondo de la mar. (bis)
Hay dos ojos, hay dos ojos,

hay dos ojos en el sapo, en el nudo, en el palo,
en el hoyo, en el fondo de la mar.

Hay dos niñas, en los ojos, en el sapo, en el nudo,
en el palo, en el hoyo, en el fondo de la mar. (bis)
Hay dos niñas, hay dos niñas,
hay dos niñas, en los ojos, en el sapo, en el nudo,
en el palo, en el hoyo, en el fondo de la mar.

Hay dos manchas en las niñas, en los ojos, en el sapo,
en el nudo, en el palo, en el hoyo, en el fondo de la mar. (bis)
Hay dos manchas, hay dos manchas,
hay dos manchas en las niñas, en los ojos, en el sapo,
en el nudo, en el palo, en el hoyo, en el fondo de la mar.

Objetivo: Ayuda a mejorar la memoria y la concentración en los niños.

Dinámica del juego: Se puede cantar en solitario o en grupo, sentados o parados. En la canción se van agregando de forma predeterminada los diferentes elementos de cada nueva estrofa, lo que va incrementando el nivel de dificultad de la canción.

Comentario: Esta canción es conocida como una retahíla o juego de palabras cantada. Existen muchos juegos de este tipo en diferentes partes del mundo en diversos idiomas, esto, gracias a las ventajas que este tipo de juego proporciona a la concentración y la memorización en los niños.

CHIVITA, CHIVITA

Sal de ahí chivita chivita, sal de ahí de ese lugar. (bis)

Vamos a buscar el "lobo", para que saque la chiva. (bis)

El LOBO no quiere sacar la chiva,

la chiva no quiere salir de ahí. ¡Hey!

Sal de ahí chivita chivita, sal de ahí de ese lugar. (bis)

Vamos a buscar el "palo", para que le pegue al lobo. (bis)

El PALO no quiere pegarle al lobo,
el LOBO no quiere sacar la chiva,
la chiva no quiere salir de ahí. ¡Hey!

Sal de ahí chivita chivita, sal de ahí de ese lugar. (bis)
Vamos a buscar el "fuego", para que queme el palo. (bis)

El FUEGO no quiere quemar el palo,
el PALO no quiere pegarle al lobo,
el LOBO no quiere sacar la chiva,
la chiva no quiere salir de ahí. ¡Hey!

Sal de ahí chivita chivita, sal de ahí de ese lugar. (bis)
Vamos a buscar el "agua", para que apague el fuego. (bis)

El AGUA no quiere apagar el fuego,
el FUEGO no quiere quemar el palo,
el PALO no quiere pegarle al lobo,
el LOBO no quiere sacar la chiva,
la chiva no quiere salir de ahí. ¡Hey!

Sal de ahí chivita chivita, sal de ahí de ese lugar. (bis)
Vamos a buscar "el cubo", para que se lleve el agua. (bis)

El CUBO no quiere llevarse el agua,
el AGUA no quiere apagar el fuego,
el FUEGO no quiere quemar el palo,
el PALO no quiere pegarle al lobo,
el LOBO no quiere sacar la chiva,
la chiva no quiere salir de ahí. ¡Hey!

Sal de ahí chivita chivita, sal de ahí de ese lugar. (bis)
Vamos a buscar "el hombre", para que cargue el cubo. (bis)

El HOMBRE no quiere cargar el cubo,
el CUBO no quiere llevarse el agua,
el AGUA no quiere apagar el fuego,
el FUEGO no quiere quemar el palo,
el PALO no quiere pegarle al lobo,
el LOBO no quiere sacar la chiva,
la chiva no quiere salir de ahí. ¡Hey!

Sal de ahí chivita chivita, sal de ahí de ese lugar. (bis)

Vamos a buscar "al Poli" para que se lleve al hombre. (bis)

El POLI sí quiso llevarse al hombre,
el HOMBRE sí quiso cargar el cubo,
el CUBO sí quiso llevarse el agua,
el AGUA sí quiso apagar el fuego,
el FUEGO sí quiso quemar el palo,
el PALO sí quiso pegarle al lobo,
el LOBO sí quiso sacar la chiva,
la chiva por fin salió de ahí. ¡Hey!

Objetivo: Ayuda a mejorar la memoria y la concentración en los niños.

Dinámica del juego: Se puede cantar en solitario o en grupo, sentados o parados. Las dos líneas que inician "Sal de ahí chivita..." se cantan un poco lento, al iniciar la siguiente estrofa el canto se lleva con mayor rapidez, esto para elevar el nivel de dificultad de la canción. En la canción se van agregando de forma predeterminada los diferentes elementos de cada nueva estrofa, lo que va a incrementar el nivel de dificultad.

Comentario: Esta canción es conocida como una retahíla o juego de palabras cantada, en la que se va agregando cada vez una nueva pieza. Existen muchos juegos de este tipo en diferentes partes del mundo en diversos idiomas, gracias a las ventajas que proporcionan a la concentración y la memorización.

LA RANA DEBAJO DEL AGUA

Estaba la rana sentada cantando debajo del agua.
Cuando la rana se puso a cantar
vino la mosca y la hizo callar.

La mosca a la rana que estaba sentada
cantando debajo del agua.
Cuando la mosca salió a cantar
vino la araña y la hizo callar.

La araña a la mosca, la mosca a la rana
que estaba sentada cantando debajo del agua.
Cuando la araña salió a cantar
vino el ratón y la hizo callar.

El ratón a la araña, la araña a
la mosca, la mosca a la rana que
estaba sentada cantando debajo del agua.
Cuando el ratón salió a cantar
vino el gato y lo hizo callar.

El gato al ratón, el ratón a la
araña, la araña a la mosca, la mosca a la
rana que estaba sentada
cantando debajo del agua.
Cuando el gato salió a cantar
vino el perro y lo hizo callar.

El perro al gato, el gato al ratón,
el ratón a la araña, la araña a la
mosca, la mosca a la rana que estaba sentada
cantando debajo del agua.
Cuando el perro salió a cantar

vino el hombre y lo hizo callar.

El hombre al perro, el perro al
gato, el gato al ratón, el ratón
a la araña, la araña a la mosca,
la mosca a la rana que estaba
sentada cantando debajo del agua.
Cuando el hombre salió a cantar
vino la suegra y lo hizo callar.

La suegra al hombre, el hombre al
perro, el perro al gato, el
gato al ratón, el ratón a la
araña, la araña a la mosca, la
mosca a la rana que estaba
sentada cantando debajo del agua.
Cuando la suegra salió a cantar
ni el mismo hombre la pudo callar.

Objetivo: Ayuda a mejorar la memoria y la concentración en los niños.

Dinámica del juego: Se puede cantar en solitario o en grupo, sentados o parados.

Comentario: Esta canción es conocida como una retahíla o juego de palabras cantada, en la que se va agregando cada vez una nueva pieza lo que va incrementando el nivel de dificultad.

LA FERIA DEL MAESTRO ANDRÉS

Vaya usted, vaya usted,
a la feria del maestro Andrés.
En la feria del maestro Andrés, yo compré una motoneta,
je, je, la motoneta, je, je, la motoneta.

Vaya usted, vaya usted,
a la feria del maestro Andrés.
En la feria del maestro Andrés, yo compré una pistola
Po, po, la pistola,
je, je, la motoneta, je, je la motoneta.

Vaya usted, vaya usted,
a la feria del maestro Andrés.
En la feria del maestro Andrés, yo compré una Coca cola,
clu, clu la Coca cola
Po, po, la pistola,
je, je, la motoneta, je, je la motoneta.

Vaya usted, vaya usted,
a la feria del maestro Andrés.
En la feria del maestro Andrés, yo compré unos patitos,

cua, cua los patitos

Clu, clu la Coca cola

Po, po, la pistola,

je, je, la motoneta, je, je la motoneta.

Vaya usted, vaya usted,

a la feria del maestro Andrés.

En la feria del maestro Andrés, yo compré unos gatitos,

miau, miau los gatitos,

cua, cua los patitos,

clu, clu la Coca cola,

Po, po, la pistola,

je, je, la motoneta, je, je la motoneta.

Objetivo: Ayuda a mejorar la memoria y coordinación motora en los niños. Hace prácticos el uso de onomatopeyas y de la imitación.

Dinámica del juego: En esta canción los niños, en una ronda, comienzan a cantar imitando los sonidos y haciendo los ademanes con el cuerpo: "Je, Je a motoneta": ponen sus manos como cuando aceleran una motocicleta, cuando se canta: "Po, po la pistola", se posicionan las manos apuntando con el dedo índice con el pulgar parado como gatillo e imitan disparar una pistola. "Clu, clu la Coca cola", con el puño cerrado y el pulgar extendido se hace como si se bebiera de una botella llevando el pulgar cerca de la boca. "Cua, Cua, los patitos", se ponen las manos en la cintura y se mueven los codos para adelante y atrás imitando las alas de los patos. "Miau, miau los gatitos", se posicionan las manos frente al pecho y se abren y cierran ambas manos al mismo tiempo imitando el maullido de los gatos".

Comentario: Pueden añadir a la canción cualquier tipo de acción que pueda ser imitada.

YO SOY UN ARTISTA

Moderador: Yo soy un artista que viene de París,

Todos: Tú eres un cuentista que nunca ha estado allí.

Moderador: Y sé tocar muy bien

Todos: ¡Y nosotros también!

Moderador: Yo toco el tambor:

Bum bum bum, bum bum bum, bum bum bum, bum bum bum.

Bum bum bum, bum bum bum. Bumburumbum bum bum bum.

Todos: Bum bum bum, bum bum bum, bum bum bum, bum bum bum.

Bum bum bum, bum bum bum. Bumburumbum bum bum bum.

(Moviendo las manos como si tocaran un tambor)

Moderador: Yo soy un artista que viene de París,

Todos: Tú eres un cuentista que nunca ha estado allí.

Moderador: Y sé tocar muy bien

Todos: ¡Y nosotros también!

Moderador: Yo toco la guitarra:

Drin drin drin, drin drin drin, drin drin drin, drin drin drin.

Drin drin drin, drin drin drin. Drindirindin, drin drin drin.

Todos: Drin drin drin, drin drin drin, drin drin drin, drin drin drin.

Drin drin drin, drin drin drin. Drindirindin, drin drin drin,

(Moviendo las manos como si se tocaran una guitarra)

Bum bum bum, bum bum bum, bum bum bum, bum bum bum.

Bum bum bum, bum bum bum. Bumburumbum bum bum bum.

(Moviendo las manos como si tocaran un tambor)

Moderador: Yo soy un artista que viene de París,

Todos: Tú eres un cuentista que nunca ha estado allí.

Moderador: Y sé tocar muy bien

Todos: ¡Y nosotros también!

Moderador: Yo toco la trompeta:

Tarari tarari tarari tarari, tarari tarari, tararirararari

Todos: Tarari tarari tarari tarari, tarari tarari, tararirararari

(Con las manos como si se tocaran una trompeta)

Drin drin drin, drin drin drin, drin drin drin, drin drin drin.

Drin drin drin, drin drin drin. Drindirindin, drin drin drin,

(Moviendo las manos como si se tocaran una guitarra)

Bum bum bum, bum bum bum, bum bum bum, bum bum bum.

Bum bum bum, bum bum bum. Bumburumbum bum bum bum.

(Moviendo las manos como si tocaran un tambor)

Objetivo: Ayuda con la coordinación motora en los niños, la enunciación de las vocales mediante el uso de onomatopeyas y la memoria.

Dinámica del juego: Esta canción se canta en ronda, el moderador estará en el centro de la ronda y "todos" juntos repiten la onomatopeya de los instrumentos; también se puede dividir los niños de forma que cada niño sea un instrumento y cuando toque su turno lo agrega al coro y lo sigue cantando cada vez que el grupo "todos" canten su parte hasta el final de la canción. Para terminar, la canción con todos los instrumentos agregados se irá bajando el tono de voz de cada instrumento, y también el cuerpo, hasta que finalice y todos terminan sentados en el suelo.

Comentario: Se pueden ir añadiendo más instrumentos (clarinete: tintirintin, Guira: shushushu, arpa: blinblinblin, etc.)

PARTITURAS MUSICALES

¿CÓMO ESTÁN TODOS USTEDES?

Canción Infantil Tradicional

Lucia Genes

Piano

Có - mo están todos us - te - des ¿Có - mo es - tán? ¡ Muy bien! Es - te es un sa - lu - do

de a - mis - tad ¡Qué bien! Ha - re - mos lo po - si - ble pa - ra hacer - nos más a - migos

¿Có - mo están to - dos us - te - des, có- mo están ¡ Muy bien!

Có - mo están mi a - mi - ga (Fulana*) ¿Có - mo está? ¡ Muy bien! Es - te es un sa - lu - do

de a - mis - tad ¡ Qué bien! Ha - re - mos lo po - si - ble pa - ra hacer - nos más a - migos

¿Có - mo están to - dos us - te - des, có - mo están? ¡ Muy bien!

Co - mo están mi a - mi - go (Mengano*) ¿ Có - mo está? ¡Muy bien! Es - te es un sa - lu - do

de a - mis - tad ¡Que bien! Ha - re - mos lo po - si - ble pa - ra hacer - nos más a - migos

¿ Có - mo están to - dos us - te - des, có - mo están? ¡Muy bien!

www.quisqueyanapress.com

DOÑA SEMANA

Canción Infantil Tradicional

Lucia Genes

www.quisqueyanapress.com

LA VACA LECHERA

Canción Infantil Tradicional

Lucia Genes

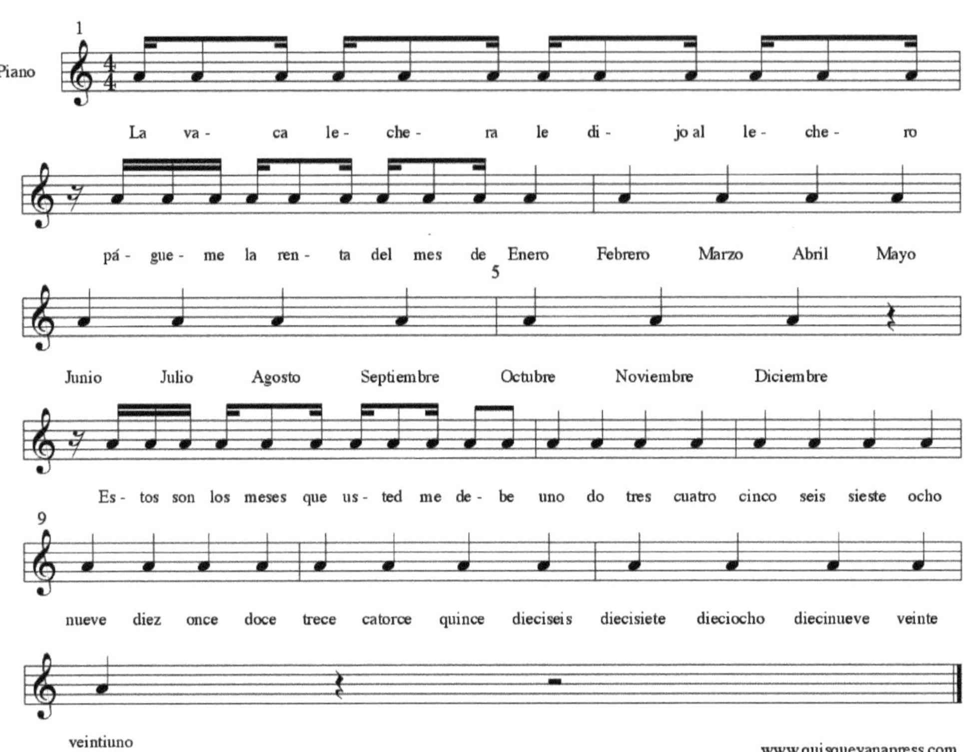

SAL SOLECITO

Canción Infantil Tradicional

Lucia Genes

www.quisqueyanapress.com

PULGARCITO

Canción Infantil Tradicional

Lucia Genes

Có - mo es - tá usted Muy bien gra - cias ¡Ya me voy! ¡Ya me voy!
17
El me - ñi - que, el pe - que - ño ¿Dón - de está? ¡A - quí estoy!
Có - mo es - tá usted Muy bien gra - cias ¡Ya me voy! ¡Ya me voy!
21
To - dos jun - tos las ma - ni - tas Dón - de están A - quí esta - mos
Có - mo es - tán uste - des Muy bien gra - cias Ya nos va - mos, ya nos va - mos.
www.quisqueyanapress.com

POLLITO CHICKEN

Canción Infantil Tradicional

Lucia Genes

www.quisqueyanapress.com

LA MARCHA DE LAS LETRAS

Canción Infantil Tradicional

Lucia Genes

3
25
al- zan- do los pies, el pa- lo en el me- dio es más chi- co
3
3
29
co- mo ves. A- quí es- tá la "I", le si- gue la "O", u- na
3
es fla- ca y la otra gor- da por- que comió... Y lue- go has- ta atrás,
33
lle- gó la "U", co- mo la cuer- da con que siem- pre sal- tas tú.
www.quisqueyanapress.com

PARÍS SE QUEMA

Canción Infantil Tradicional

Lucia Genes

21
que - me se que - me se que - me se que - me Pe - res.
Pi - rís si qui - mi si qui - ma Pa - rís Pa - rís si qui -
25
mi si qui - mi Pi - rís Pi - rís si
qui - mi si qui - mi si qui - mi si qui - mi Pi - rís.
29
Po - ros so co - mo so co - mo Po - ros Po - ros so co -
33
mo so co - mo Po - ros Po - ros so
co - mo so co - mo so co - mo so co - mo Po - ros.
37
Pu - rus su cu - mu su cu - mu Pu - rus Pu - rus su cu -
mu su cu - mu Pu - rus Pu - rus su

www.quisqueyanapress.com

LA MAR ESTABA SERENA

Canción Infantil Tradicional

Lucia Genes

www.quisqueyanapress.com

VIAJAR EN TREN

Canción Infantil Tradicional

Lucia Genes

37
e de lo me - jol e de lo me - jol se ti - ra er cor - dón se ti - ra er cor - dón
41
y se pa - ra er tren y se pa - ra er tren er ins - pel - tol er ins - pel - tol
45
pron - to ven - drá pro - to ven - drá y man - da - rá y man - da - rá
49
a pa - rar er tren a pa - rar er tren. Via - lal en tlen via- lal en tlen
53
e de lo me - jol e de lo me - jol se ti - lel col - don se ti - lel col - don
57
y se pa - la el tlen y se pa - la el tlen el in - pel - tol el in - pel - tol
61
plon - to ven - dla plo - to ven - dla y man - da - la y man - da - la
65
a pa lal el tlen a pa - lal el tlen. Via - ja - ri - ni in tre - ni - ni
via- ja - ri - ni in tre - ni - ni is de lo me - jo - ri - ni is de lo me - jo - ri - ni

se ti - ra el cor - de - li - ni se ti - ra el cor - de - li - ni y se pa - ra el tre - ni ni
y se pa - ra el tre - ni - ni el in - pec - to - ri - ni el in - pec - to - ri - ni
pron - to lle - ga - ri - ni pro - to lle - ga - ri - ni y manda - ri - ri - ni
y manda - ri - ri - ni a pa - rar el tre - ni - ni a pa - rar el tre - ni - ni.
Via - jar en trei - nei - chon via- jar en trei - nei - chon es de lo me - jorei - chon
es de lo me jorei - chon se ti - ra el cor - do - nei - chon se ti - ra el cor - do - nei - chon
y se pa - ra el trei - nei - chon y se pa - ra el trei - nei - chon el ins - pec - to - rei - chon
el ins - pec - to - rei - chon pron - to lle - garaei - chon pro - to lle - garaei - chon
y man - da - raei - chon y man - da - raei - chon a pa - rar el trei - nei - chon

www.quisqueyanapress.com

UNA MOSCA

Canción Infantil Tradicional

Lucia Genes

www.quisqueyanapress.com

DEBAJO DE UN BOTÓN

Canción Infantil Tradicional

Lucia Genes

www.quisqueyanapress.com

JUAN PACO PEDRO

Canción Infantil Tradicional

Lucia Genes

www.quisqueyanapress.com

UNO, DOS, TRES AMIGOS

Canción Infantil Tradicional

Lucia Genes

Piano

U - no, dos, tres a - mi - gos, cua - tro, cin -

co, seis a - mi - gos, sie - te, o - cho, nue -

ve a - mi - gos, diez a - mi - gos son. Diez, nue - ve, o -

cho a - mi - gos, sie - te, seis, cin - co a - mi - gos, cua - tro, tres, dos

a - mi - gos, un a - mi - go es.

www.quisqueyanapress.com

BRINCA LA TABLITA

Canción Infantil Tradicional

Lucia Genes

www.quisqueyanapress.com

YO TENÍA DIEZ PERRITOS

Canción Infantil Tradicional

Lucia Genes

21
na - da más me que - dan seis seis seis. De los seis que que - da - ban
de los seis que que - da - ban u - no se rom - pió el ho - ci - co
25
na - da más me que - dan cin - co cin - co cin - co.
De los cin - co que que - da - ban de los cin - co que que - da - ban
29
u - no se fue con el ga - to na - da más me que - dan cua - tro
cua - tro cua - tro. De los cua - tro que que - da - ban
33
de los cua - tro que que - da - ban u - no se co - mió u - na res
na - da más me que - dan tres tres tres. De los tres que que - da - ban
37
de los tres que que - da - ban u - no fue a com - prar a - rróz

www.quisqueyanapress.com

EL PERRO MUERTO

Canción Infantil Tradicional

Lucia Genes

on - ce, do - ce, tre - ce, ca - tor - ce, quin - ce, die - ci - séis,
33
die - ci - sie - te, die - ci - o - cho, vein - te, vein - ti - u - no, vein - ti - dos,
37
vein - ti - tres, vein - ti - cua - tro, vein - ti - cin - co, vein - ti - seis vein - ti - sie - te,
vein - ti - o - cho, trein - ta.
www.quisqueyanapress.com

LOS ESQUELETOS

Canción Infantil Tradicional

Lucia Genes

25
que - le - tos fu - man ta - ba - co. Zum - ba que zum - ba que zum -
29
ban va. Zum - ba que zum - ba que zum - ban va.
Des - de las cua - tro has - ta las cin - co los es -
33
que - le - tos pe - gan un brin - co. Zum - ba que zum - ba que zum -
37
ban va. Zum - ba que zum - ba que zum - ban va.
41
Des - de las cin - co has - ta las seis los es - que - le - tos jue - gan a -
je - drez. Zum - ba que zum - ba que zum - ban va. Zum - ba
45
que zum - ba que zum - ban va. Des - de las seis has - ta las sie -
49
te los es - que - le - tos u - san un ma - che - te. Zum - ba que zum -

53
ba que zum - ban va. Zum - ba que zum - ba que zum - ban va.
Des - de las sie - te has - ta las o - cho los es - que - le - tos
57
co - men un biz - co cho. Zum - ba que zum - ba que zum - ban va.
61
Zum - ba que zum - ba que zum - ban va. Des - de las o -
cho has - ta las nue - ve los es - que - le - tos
65
ya no se mue - ven. Zum - ba que zum - ba que zum - ban va.
69
Zum - ba que zum - ba que zum - ban va. Des - de las nue -
73
ve has - ta las diez los es - que - le - tos van a be - ber.
Zum - ba que zum - ba que zum - ban va. Zum - ba que zum - ba

www.quisqueyanapress.com

LOS NÚMEROS

Canción Infantil Tradicional

Lucia Genes

25
don Ra - món. El nue - ve es un glo - bi - to a - ta - do
29
de un cor - del. El diez es un tio - vi - vo pa - ra pa -
sar - la bien.
www.quisqueyanapress.com

VAMOS A CONTAR

Canción Infantil Tradicional

Lucia Genes

www.quisqueyanapress.com

UN ELEFANTE SE BALANCEABA

Canción Infantil Tradicional

Lucia Genes

www.quisqueyanapress.com

LA GALLINA, LA JABADA

Canción Infantil Tradicional

Lucia Genes

www.quisqueyanapress.com

CON MEDIO PESO

Canción Infantil Tradicoinal

Lucia Genes

25
Ya ten - go va - ca, ten - go ter - ne - ro, ten - go chi - va, ten - go chi -
va - tos, ten - go pa - ta, ten - go pa - ti - tos y to - do e - so con me - dio pe - so,
29
y to - do e - so con me - dio pe - so. Con me - dio pe - so
33
com - pré u - na pe - rra y e - sa pe - rra me dio un pe - rri - tos.
Ya ten - go va - ca, ten - go ter - ne - ro, ten - go chi - va, ten - go chi -
37
va - tos, ten - go pa - ta, ten - go pa - ti - tos, ten - go pe - rra, ten -
41
go pe - rri - tos y to - do e - so con me - dio pe - so, y to - do e - so
con me - dio pe - so. Con me - dio pe - so com - pré u - na bu - rra
45
y e - sa bu - rra me dio un po - lli - nos.

www.quisqueyanapress.com

EL JUEGO DE LOS CONTRARIOS

Canción Infantil Tradicional

Lucia Genes

21
uste - des di - cen arri - ba. Es - te jue - go va em - pe - zar,
no se va - yan a e - qui - vo - car. Arri - ba arri - ba arri - ba Aba - jo aba - jo aba - jo.
25
Arri - ba aba - jo arri - ba Aba - jo arri - ba aba - jo. Arri - ba aba - jo aba - jo
29
Aba - jo arri - ba arri - ba. Yo co - noz - co un jue - go que se jue - ga a - sí
Cuan - do yo di - go ho - la, uste - des di - cen a - diós.
33
Cuan - do yo di - go a - diós, uste - des di - cen ho - la.
37
Es - te jue - go va em - pe - zar, no se va - yan a e - qui - vo - car. Ho - la ho - la a - diós
A - diós a - diós ho - la. Ho - la a - diós ho - la A - diós ho - la a - diós.
41
Ho - la ho - la a - diós A - diós ho - la ho - la. Yo co - noz - co un jue - go

45
que se jue - ga a - sí Cuan - do yo di - go arri - ba,
uste - des di - cen aba - jo. Cuan - do yo di - go aba - jo,
49
uste - des di - cen arri - ba. Es - te jue - go va em - pe - zar,
y aho - ra se va a com - pli - car. Blan - co arri - ba ne - gro
53
Ne - gro aba - jo baln - co. Ho - la a - diós aba - jo A - diós ho - la arri - ba.
Blan - co arri - ba ho - la Ne - gro aba - jo a - diós.
www.quisqueyanapress.com

CUANDO TIENES MUCHAS GANAS DE REÍR

Canción Infantil Tradicional

Lucia Genes

25
no te que - des con las ga - nas de re - ír, de sil - bar, de a - plau - dir.
29
Cuan - do ten - gas mu - chas ga - nas de can - tar Cuan - do ten - gas mu - chas ga - nas
33
de can - tar. Si tú tie - nes la ra - zón y no hay o - po - si - ción,
37
no te que - des con las ga - nas de can - tar, de re - ír, de sil - bar,
de a - plau - dir. Cuan - do ten - gas mu - chas ga - nas de gri - tar
41
Cuan - do ten - gas mu - chas ga - nas de gri - tar. Si tú tie - nes la ra - zón
45
y no hay o - po - si - ción, no te que - des con las ga - nas de gri - tar, de can - tar,
49
de re - ír, de sil - bar, de a - plau - dir. Cuan - do ten - gas mu - chas ga - nas
53
de llo - rar Cuan - do ten - gas mu - chas ga - nas de llo - rar.

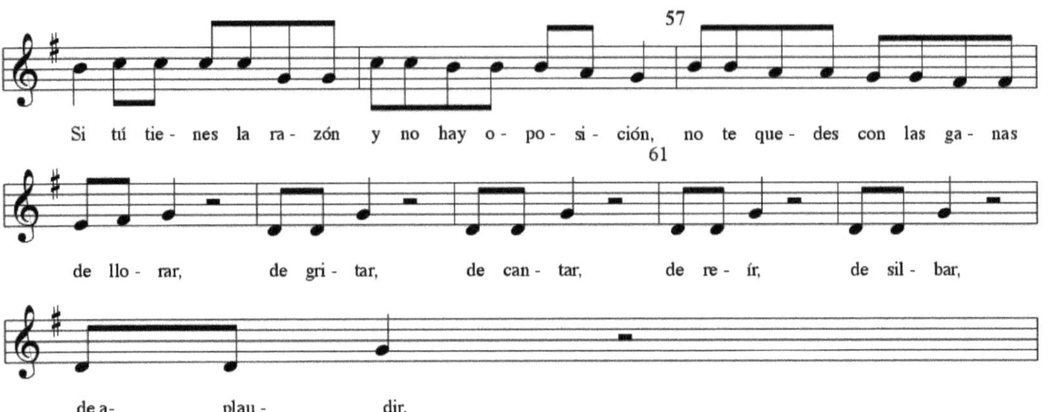
57
Si tú tie - nes la ra - zón y no hay o - po - si - ción, no te que - des con las ga - nas
61
de llo - rar, de gri - tar, de can - tar, de re - ír, de sil - bar,
de a- plau - dir.
www.quisqueyanapress.com

LA BATALLA DEL CALENTAMIENTO

Canción Infantil Tradicional

Lucia Genes

25
gen - to. ¡Sol - da - dos! ¡A la ba - ta - lla! Con un bra - zo, con el o - tro, con un pie,
29
con el o - tro. Es - ta es la ba - ta - lla del ca - len - ta - mien - to, va - mos a ver la
fuer - za del sar - gen - to. ¡Sol - da - dos! ¡A la ba - ta - lla!
33
Con un bra - zo, con el o - tro, con un pie, con el o - tro, con la ca - be - za.
37
Es - ta es la ba - ta - lla del ca - len - ta - mien - to, va - mos a ver la
fuer - za del sar - gen - to. ¡Sol - da - dos! ¡A la ba - ta - lla!
41
Con un bra - zo, con el o - tro, con un pie, con el o - tro, con la ca - be - za, me - dia
45
vuel - ta. Es - ta es la ba - ta - lla del ca - len - ta - mien - to, va - mos a
49
ver la fuer - za del sar - gen - to. ¡Sol - da - dos! ¡A la ba - ta - lla! Con un bra - zo,

www.quisqueyanapress.com

JAI, JAI, JAI

Canción Infantil Tradicional

Lucia Genes

www.quisqueyanapress.com

CHOCOLATE

Canción Infantil Tradicional

Lucia Genes

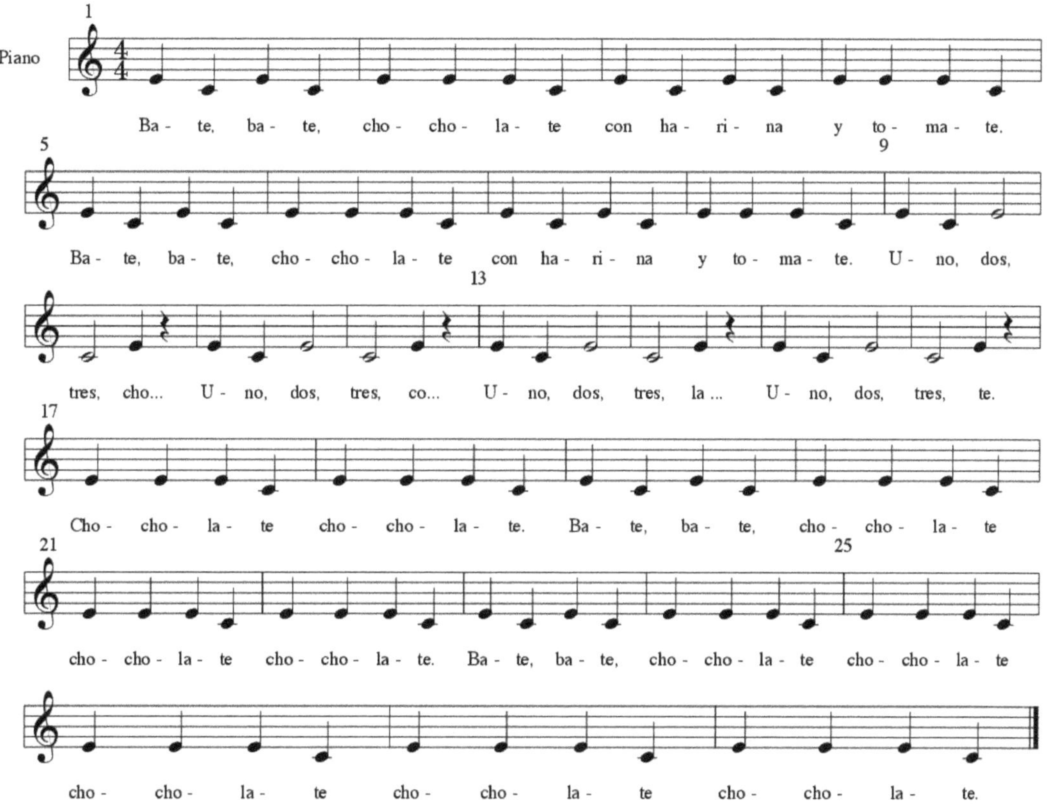

www.quisqueyanapress.com

CHOCOLATE II

Canción Infantil Tradicional

Lucia Genes

www.quisqueyanapress.com

HAY UN HOYO EN EL FONDO DE LA MAR

Canción Infantil Tradicional

Lucia Genes

33
Hay un sa - po en el nu - do en el pa - lo en el ho - yo en el fon - do de la mar.
37
Hay un sa - po hay un sa - po hay un sa - po en el nu - do en
41
el pa - lo en el ho - yo en el fon - do de la mar. Hay dos o - jos
en el sa - po en el nu - do en el pa - lo en el ho - yo en el fon - do de la mar.
45
Hay dos o - jos en el sa - po en el nu - do en el pa - lo en el ho - yo
49
en el fon - do de la mar. Hay dos o - jos hay dos o - jo hay dos o - jos en
53
el sa - po en el nu - do en el pa - lo en el ho - yo en el fon - do de la mar.
57
Hay dos ni - ñas en los o - jos en el sa - po en el nu - do en el pa - lo
en el ho - yo en el fon - do de la mar. Hay dos ni - ñas en los o - jos

61
en el sa - po en el nu - do en el pa - lo en el ho - yo en el fon - do de la mar.
65
Hay dos ni - ñas hay dos ni - ñas hay dos ni - ñas en los o - jos en el sa - po en
69
el nu - do en el pa - lo en el ho - yo en el fon - do de la mar.
Hay dos man - chas en las ni - ñas en los o - jos en el sa - po
73
en el nu - do en el pa - lo en el ho - yo en el fon - do de la mar.
77
Hay dos man - chas en las ni - ñas en los o - jos en el sa - po
en el nu - do en el pa - lo en el ho - yo en el fon - do de la mar.
81
Hay dos man - chas hay dos man - chas hay dos man - chas en las ni - ñas en
85
los o - jos en el sa - po en el nu - do en el pa - lo en el ho - yo en el fon - do de

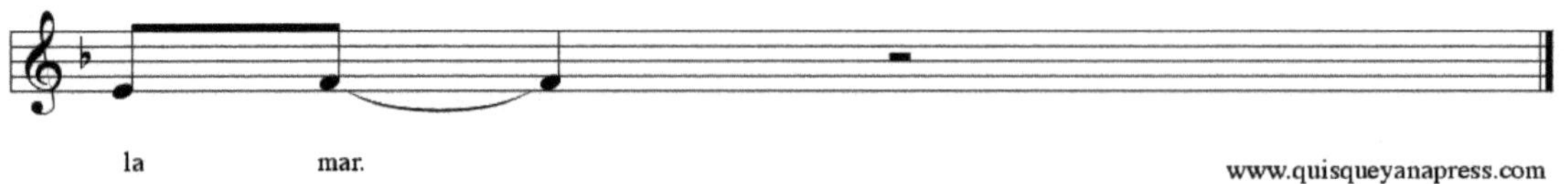
la
mar.
www.quisqueyanapress.com

CHIVITA CHIVITA

Canción Infantil Tradicional

Lucia Genes

de e- se lu- gar. Va- mos a bus- car el pa- lo
pa- ra que pe- gue al lo- bo Va- mos a bus- car
el pa- lo pa- ra que pe- gue al lo- bo El pa- lo no
quie- re pe- gar al lo- bo, el lo- bo no quie- re sa- car la chi- va,
la chi- va no quie- re sa- lir de a- hí. Sal de a- hí chi- vi- ta
chi- vi- ta, sal de a- hí de e- se lu- gar. Sal de a- hí chi-
vi- ta chi- vi- ta, sal de a- hí de e- se lu- gar. Va- mos
a bus- car el fue- go pa- ra que que- me el pa- lo
Va- mos a bus- car el fue- go pa- ra que que- me el

53
pa - lo El fue - go no quie - re que - mar el pa - lo, el pa - lo no
57
quie - re pe - gar al lo - bo, el lo - bo no quie - re sa - car la chi - va,
la chi - va no quie - re sa - lir de a - hí. Sal de a - hí chi - vi - ta
61
chi - vi - ta, sal de a - hí de e - se lu - gar. Sal de a - hí chi -
65
vi - ta chi - vi - ta, sal de a - hí de e - se lu - gar. Va - mos
69
a bus - car el a - gua pa - ra que a - pa - gue el fue - go.
Va - mos a bus - car el a - gua pa - ra que a - pa - gue
73
el fue - go. El a - gua no quie - re a - pa - gar el fue - go, el fue - go no
77
quie - re que - mar el pa - lo, el pa - lo no quie - re pe - gar al lo - bo,

el lo - bo no quie - re sa - car la chi - va, la chi - va no quie - re sa - lir de a -
hí. Sal de a - hí chi - vi - ta chi - vi - ta, sal de a - hí de e -
se lu - gar. Sal de a - hí chi - vi - ta chi - vi - ta, sal
de a - hí de e - se lu - gar. Va - mos a bus - car el cu - bo
pa - ra que se lle - ve el a - gua. Va - mos a bus - car
el cu - bo pa - ra que se lle - ve el a - gua. El cu - bo no
quie - lle - var - se el a - gua, El a - gua no quie - re a - pa - gar el fue - go,
el fue - go no quie - re que - mar el pa - lo, el pa -
lo no quie - re pe - gar al lo - bo, el lo - bo no quie - re sa - car la chi - va,

105
la chi - va no quie - re sa - lir de a - hí. Sal de a - hí chi - vi -
109
ta chi - vi - ta, sal de a - hí de e - se lu - gar. Sal de a - hí
113
chi - vi - ta chi - vi - ta, sal de a - hí de e - se lu - gar.
Va - mos a bus - car el hom - bre pa - ra que car - gue el cu - bo.
117
Va - mos a bus - car el hom - bre pa - ra que car - gue
121
el cu - bo. El hom - bre no quie - car - gar el cu - bo, El cu -
bo no quie - lle - var - se el a - gua, El a - gua no
125
quie - re a - pa - gar el fue - go, el fue - go no quie - re que - mar el pa - lo,
129
el pa - lo no quie - re pe - gar al lo - bo, el lo -

bo no quie - re sa - car la chi - va, la chi - va no quie - re sa - lir de a - hí.
133
Sal de a - quí chi - vi - ta chi - vi - ta, sal de a - hí de e - se
137
lu - gar. Sal de a - hí chi - vi - ta chi - vi - ta, sal de a -
141
hí de e - se lu - gar. Va - mos a bus - car al Po - li pa -
ra que se lle - ve al hom m - bre. Va - mos a bus - car al
145
Po - li pa - ra que se lle - ve al hom - bre. El Po - li se qui - so
149
lle - var - se el hom - bre, el hom - bre si qui - so car - gar el cu - bo, el cu -
bo si qui - so lle - var - se el a - gua, el a - gua si
153
qui - so a - pa - gar el fue - go, el fue - go si qui - so que - mar el pa - lo,

www.quisqueyanapress.com

LA RANA DEBAJO DEL AGUA

Canción Infantil Tradicional

Lucia Genes

ca a la ra - na que es- ta - ba sen - ta - da can - tan - do de - ba - jo del a - gua,
25
cuan - do el ra - tón sa - li - ó a can - tar, vi - no el ga - to y lo hi - zo ca - llar.
29
El ga - to al ra - tón, el ra - tón a la a - ra - ña, la a - ra - ña
a la mos - ca, la mos - ca a la ra - na que es - ta - ba sen - ta - da
33
can - tan - do de - ba - jo del a - gua, cuan - do el ga - to sa - li - ó a can - tar,
37
vi - no el pe - rro y lo hi - zo ca - llar. El pe - rro al ga - to, el ga -
to al ra - tón, el ra - tón a la a - ra - ña, la a - ra - ña a la
41
mos - ca, la mos - ca a la ra - na que es - ta - ba sen - ta - da can - tan -
do de - ba - jo del a - gua, cuan - do el pe - rro sa - li - ó a can - tar, vi - no

www.quisqueyanapress.com

LA FERIA DEL MAESTRO ANDRÉS

Canción Infantil Tradicional

Lucia Genes

www.quisqueyanapress.com

YO SOY UN ARTISTA

Canción Infantil Tradicional

Lucia Genes

21
Y se to- car muy bien ¡Y no- so- tros tam- bién! Yo to- co la gui- ta- rra
Drin drin drin drin drin drin drin drin drin drin drin drin drin drin drin drin
25
drin drin drin drin di- rin- din drin drin drin drin drin drin drin drin drin
Drin drin drin drin drin drin drin drin drin drin drin drin drin drin drin drin
29
drin drin drin drin di- rin- din drin drin drin drin drin drin drin drin drin
bum bum bum bum bum bum bum bum bum bum bum bum bum bum bum bum
33
bum bum bum bum bum bum bum bum bum bum bu- rum bum bum Yo soy un ar- tis- ta
37
que vie- ne de Pa- rís. Tú e- res un cuen- tis- ta que nun- ca ha es- ta- do a- llí.
41
Y se to- car muy bien ¡Y no- so- tros tam- bién! Yo to- co la trom- pe- ta

45
Ta - ra - ri ta - ra - ri Ta - ra - ri ta - ra - ri Ta - ra - ri ta - ra - ri ta - ra - ri ra - ra - ra - ri
Ta - ra - ri ta - ra - ri Ta - ra - ri ta - ra - ri Ta - ra - ri ta - ra - ri ta - ra - ri ra - ra - ra -
49
ri Drin drin drin drin drin drin drin drin drin drin drin drin drin drin drin drin
drin drin drin drin di - rin - din drin drin drin drin drin drin drin drin drin
53
bum bum bum bum bum bum bum bum bum bum bum bum bum bum bum bum
bum bum bum bum bum bum bum bum bum bum bu - rum bum bum
www.quisqueyanapress.com

CANCIONES INFANTILES TRADICIONALES DOMINICANAS

Este volumen forma parte de la colección *Canciones Infantiles Tradicionales Dominicanas*, en la cual se incluyen rimas infantiles que han pasado de generación en generación por transmisión oral y que han sobrevivido al paso del tiempo, formando parte de nuestro acervo cultural y folklórico; ese que florece en cada esquina cada vez que nuestros niños entonan una de estas melodías.

Esta recopilación de canciones infantiles tradicionales representa un aporte a la preservación del patrimonio cultural, a la difusión del folklore infantil como tradición oral, y a la cultura popular que ha sido la base de nuestra idiosincrasia. Muchas de las rimas incluidas forman parte de un repertorio de siglos y se han convertido en la forma de recreación infantil más antigua conservada hasta hoy.

La colección *Canciones Infantiles Tradicionales Dominicanas* contiene un sin número de rimas y canciones infantiles, presentadas y clasificadas en siete volúmenes, cada uno con un contenido particular que lo hace único:

TOMO 1- **DOÑA SEMANA.** Canciones de carácter didáctico.
TOMO 2- **RONDAS DE VERANO.** Canciones de corro o de rueda.
TOMO 3- **AMBOSSADOR.** Rimas que acompañan juegos tradicionales infantiles.
TOMO 4- **TÍN MARÍN DE DOS PINGÜÉ.** Retahílas que acompañan juegos.
TOMO 5- **DUÉRMETE MI NIÑO.** Canciones de cuna y para entretener a los bebés.
TOMO 6- **UN DÍA DE PASEO.** Otras canciones de carácter lúdico.
TOMO 7- **AURORA DE MI PATRIA.** Himnos, rimas patrias y canciones escolares.

Colección
Canciones Infantiles Tradicionales Dominicanas

WWW.QUISQUEYANAPRESS.COM

7 volúmenes llenos de diversión y recuerdos. Para grandes y chicos.

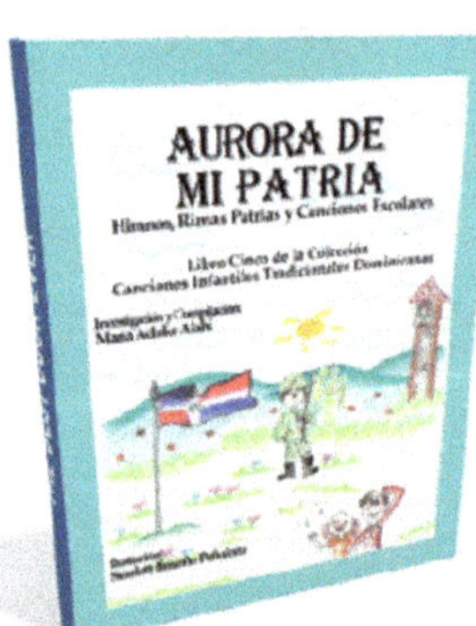

NUESTRO DEBER

La palabra, ese maravilloso legado que nos ha convertido en seres humanos, no solo expresa, sino que también reproduce y conserva. Gran parte de ese legado y conservación vive en los libros; pero estos pueden ser olvidados o destruidos. La oralidad, en cambio, pasa de lengua en lengua y boca en boca, y a pesar de que se transforma, nunca muere. A este reino imperecedero de la palabra que pervive en el tiempo, pertenecen nuestras canciones infantiles. No dejemos que nuestro folklor infantil quede sepultado o relegado. Lo nuevo, lo moderno, lo no tradicional, no debe nunca sustituir lo nuestro. Lo original, lo "viejo" forma parte de nuestra esencia, de una tradición oral no escrita que debe ser reproducida y protegida por todos como un tesoro nacional.

Es preciso sacar tales canciones del pasado y posicionarlas en nuestro presente, volver a colocarlas en el diario vivir de nuestros niños, resaltar su valor y diferencias (sutileza, naturalidad, espontaneidad, fantasía y esa sazón nuestra que nos caracteriza) en comparación con otras rimas aprendidas en la radio, la internet o en la televisión. Ese es nuestro deber y compromiso para con nuestras tradiciones.

Esta es una invitación a todos los padres, abuelos, tíos, maestros, amigos adultos de los niños y a todo aquel relacionado con la educación infantil, a colaborar en la enseñanza, el mantenimiento y el fortalecimiento de esa parte del folklore que pertenece a los infantes. Preservar y promover esta colección que ahora ponemos en sus manos, tributará también a tal alto propósito. En ustedes, confiamos, y en nuestros niños. Ellos son la esperanza del mundo.

BIBLIOGRAFÍA

-Campo, J. J. (2004). *Fichero de Juegos de Expresión y cooperación* (Vol. 466). INDE.

-Díaz, Miguel Ángel. (23 de abril de 2010) Canciones Recreativas: Jai, Jai, Jai [Mensaje en un Blog] Recuperado de: http://campismoescolar.blogspot.com/

-de Boggs, Edna Garrido (2006). *Reseña histórica del folklore dominicano.* Editora Búho.

- de Boggs, Edna Garrido (2006) *Folklore Infantil de Santo Domingo.* Cuarta Edición. Editora Búho.

-https://canciones.cosasdepeques.com/

-Grupo Editorial Prensa Ibérica. La Pájara Pinta, sección: Opinión-Firmas, La canción del verano, publicado el jueves 18 de diciembre del 2008.

-Pérez Vidal, J. (1986). Folklore infantil canario. *Las Palmas: Cabildo Insular de Gran Canaria.*

-Ortega, J. J., Obispo, J. A., & de la Calle, I. J. (2003). *Psicomotricidad: Práctica II.* Ediciones La Tierra Hoy SL.

ÍNDICE GENERAL

ÍNDICE DE PARTITURAS MUSICALES

ÍNDICE POR OBJETIVOS EDUCACIONALES

ONOMATOPEYAS

NOMBRE DE CRÍAS DE ANIMALES

NOMBRE DE LOS DEDOS

INGLÉS

LOS NÚMEROS

CONTEO EN GRUPO

CONTAR HACIA ATRAS

ADICIÓN

SUBSTRACCIÓN

MEMORIA Y CONCENTRACIÓN

COORDINACIÓN, AGILIDAD Y DESARROLLO MOTOR

María Aduke Alabi (Compiladora) Poeta, escritora y folklorista dominicana. Nació el 22 de agosto del año 1977, en Santo Domingo, República Dominicana. Contadora de profesión y empresaria. Propietaria de Rentaino SRL y Quisqueyana Press. Entre sus trabajos poéticos destacan los poemarios *Versos en Matices* y *Voz de la nostalgia*, publicados en 2012. Su labor investigativa aborda especialmente el estudio del folklore dominicano, así como la recolección y conservación de sus elementos. Según sus palabras: "Nuestro folklore es nuestro tesoro y para conservarlo los niños de ayer deben pasarlo a los niños de hoy y así podrá llegar a los niños de mañana."

Scarlett Briseño Peñaloza. (Ilustradora) Nació el 12 de diciembre de 1991, en Ciudad México. Arquitecta en interiores y dibujante con énfasis en la ilustración de libros infantiles. Joven entusiasta, talentosa y creativa, con intereses particulares en el dibujo artístico. Su pasión es crear cosas originales y del agrado de todo público. Ella declara que: "No hay cosa más pura que el alma de un niño sonriendo, pues en una simple carcajada tu mundo se transforma".

Lucía Genes. (Compositora) Como artista independiente, se le conoce además como "Lu". Es compositora, productora y escritora. Nació el 19 de mayo de 1999, en Buenos Aires, Argentina, aunque ha vivido en España toda su vida. Estudió piano desde los cuatro años. Su amor por la música la llevó a proseguir estudios de Producción Musical en Los Ángeles Film School, en California. Entrar en la industria musical es muy complicado, lo que lleva a recordar su frase inspiradora: "Hago música porque quiero que la gente se identifique con ella y sienta emociones que puedan ser cruciales en su vida."

COLABORADORES

Cynthia Margarita Mota de Díaz, Santo Domingo Norte
Rolfís Díaz, Santo Domingo Norte
Andy Daniel Rosario, California
Maria Sosa, Santo Domingo
Mayra Santana, Santo Domingo
Marianny Betances, Santo Domingo
Gregory Guzmán, Santo Domingo
José Padilla Suero, California
Dania O Carmen Pozo, San Cristóbal
Daniel Rivera Concepción, Las Matas de Farfán

Muy agradecida por su colaboración es este proyecto cultural.

Si deseas colaborar compartiendo con nosotros algunas canciones infantiles que recuerdas, por favor visítanos en https://quisqueyanapress.com/colabora y tu nombre será publicado en el libro donde aparezca la canción con la que colaboraste, aunque ya tengamos esa canción.

Únete además a nuestro grupo de Facebook:
Quisqueyanos Reviviendo Canciones de Nuestra Infancia

NOTA DEL EDITOR

Hemos respetado el lenguaje coloquial, acento y forma de pronunciación, además de la peculiar ortografía de algunas de las canciones con el propósito de mantener la originalidad de las mismas, si bien aplicamos las normas en vigor en cuanto a la acentuación. Hemos realizado un intento de clasificación temática de las canciones de esta colección, aunque somos conscientes de la dificultad de esta tarea dado que muchas canciones pueden enmarcarse en diversas categorías por el hecho de que algunas abarcan diferentes asuntos.

www.ingramcontent.com/pod-product-compliance
Lightning Source LLC
Chambersburg PA
CBHW041157100726
47911CB00016B/773

9780578627700